KB271304

안정적으로 큰돈 버는
SIMPLE 투자법

안정적으로 큰돈 버는 **SIMPLE** 투자법

초판 1쇄 인쇄 | 2009년 10월 1일
초판 1쇄 발행 | 2009년 10월 2일

지은이 | 주병선
펴낸이 | 김진성
펴낸곳 | 호이테북스
출판등록 | 2005년 2월 21일   제313-2005-000034호

편　집 | 김지혜
디자인 | 장재승
관　리 | 정보해

주　소 | 서울시 마포구 서교동 357-1 서교프라자 619
전　화 | 02-323-4421
팩　스 | 02-323-7753
이메일 | kjs9653@hotmail.com

필름출력 | 푸른서울
종　　이 | 신승지류
인쇄 · 제본 | 서강총업

ⓒ 주병선, 2009
값 13,000원
ISBN 978-89-93132-10-6 03320

안정적으로 큰돈 버는

SIMPLE 투자법

주병선(명품주식연구소 소장) 지음

오늘북스 today

SIMPLE한 투자로
갈아타라

주식투자는 쉬울까, 어려울까. 사실 주식투자는 쉬우면서도 어렵다. 주식이란 무엇이고, 주식투자에서 성공하려면 무엇을 준비하고 실천해야 하며, 어떤 것을 버리고 지켜야 하는지를 아는 사람에게 주식투자는 아주 쉽다. 운전면허를 따서 실제로 차를 몰아 본 사람에게 운전이 쉬운 것과 마찬가지다.

하지만 주식투자의 본질을 제대로 알지 못하고 공부도 하지 않은 채 오로지 큰돈을 벌겠다는 욕심과 희망만으로 투자에 나서는 사람에게 주식투자는 어렵기만 하다. 아니, 어려운 것으로만 끝나는 것이 아니라 목숨처럼 소중한 돈을 잃고 세상을 원망하며 살아야 하는 슬픈 운명에 빠지게 된다. 마치 운전을 배우지 않고 차를 몰다가 죽음에 이르는 것과 비

숫하다 하겠다.

이 세상에 공짜 점심은 없다. 어린아이가 걷기 위해선 수 없이 넘어지는 고통을 겪어야 한다. 또 무릎이 까지는 것을 두려워하지 않고 쓰러져 가며 연습한 후에야 비로소 자전거 타는 법을 배울 수 있다.

마찬가지로 주식시장에서도 치열한 실전 경험을 해봐야 비로소 주식투자에서 성공하고 큰돈을 벌 수 있다. 아무리 입 벌리고 누워 있어도 감나무에서 감이 떨어지지 않듯이 스스로 공부하고 노력하는 것만이 주식투자에서 승리할 수 있는 유일한 길이다.

이 책은 그런 의미에서 개인 투자자들에게 좋은 지침서가 된다. 저자의 투자 경험을 알기 쉽게 정리한 이 책은 제목에서 알 수 있듯 읽기 쉽고, 이해하기 쉬우며, 실천하기도 쉽다. 이 책에는 차트가 하나도 등장하지 않지만 투자자들을 성공 투자로 이끌어 준다.

이 책에서 '단순하다'는 뜻을 가진 SIMPLE은 장기투자(Slow&Long Term), 통찰력(Insight Power), 경영자 마인드(Manager Mind), 나만의 투자 원칙(Personality), 마음 다스리고 즐기기(Leisure&Fun), 경험(Experience is the Answer)의 첫 글자를 따서 만든 말이다. 본래 참다운 진리일수록 단순하다. 한 주제에 대해 잘 모른 채 이야기하거나 글을 쓸 때는 복잡하고 어렵게 표현하지만, 본질을 제대로 알고 쓰면 단순하고 쉽다.

이처럼 주식투자의 진리도 아주 쉽고 단순하다. 싸게 사서 비싸게 파는 블래쉬(BLASH, Buy Low And Sell High) 전략을 실천하면 되는 것이다. 여기서 문제는 언제가 싸고 언제가 비쌀 때인지를 아는 것과 이를 실천하는 것에 있다.

"탐(貪), 진(嗔), 치(痴), 이 3독(毒)을 멸(滅)하면 성불(成佛)한다"는 말이 있다. 욕심과 성냄, 그리고 어리석음을 극복하면 부처님이 된다는 뜻이다. 주식투자에서 실패하는 것도 바로 활황기에 돈을 많이 벌겠다는 욕심과 불황기에 주가가 더 떨어질지 모른다는 두려움, 시장을 이길 수 있다는 오만과 아집 때문이다.

이 책은 버릴 것은 버리고 지킬 것은 꼭 지켜야 한다는 것을 알려줌으로 독자들을 성공 투자로 안내한다. 계절의 변화는 주식투자자들에게 항상 진리를 깨우치게 하는 힘을 가지고 있다.

봄에 씨를 뿌리고 여름에 열심히 키워야만 풍요로운 수확을 준비할 수 있다. 만약 알찬 가을걷이를 준비하지 못한 주식투자자라면 이 책을 읽고 크리스마스와 연말 보너스를 받을 준비를 해보는 것은 어떨까.

미래는, 특히 성공의 앞날은 지금 땀 흘려 준비하는 자에게만 오는 특권이다. 그러한 성공은 값 없이 주어지는 것이

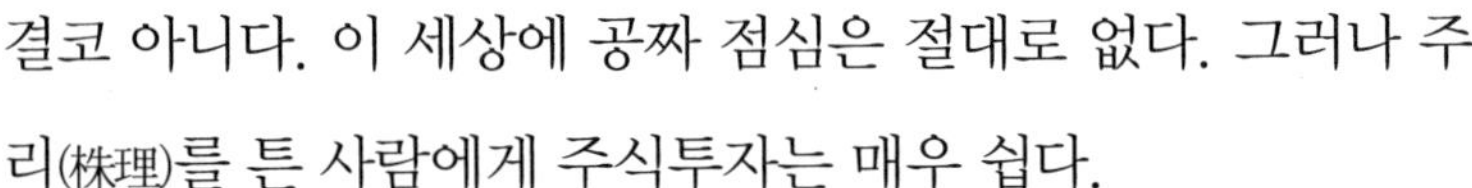

결코 아니다. 이 세상에 공짜 점심은 절대로 없다. 그러나 주
리(株理)를 튼 사람에게 주식투자는 매우 쉽다.

머니투데이방송(MTN) 보도국장

홍창선

쉽게 하는
주식투자가 답이다

주식에 투자하는 사람들은 다들 '어디 좋은 종목 없나?' 하면서 귀를 쫑긋 세우고 여기저기 기웃거린다. 하지만 아무리 기웃거려도 좋은 종목을 고르는 게 쉽지 않다. 좋은 투자자가 좋은 종목을 만들 뿐이다. 예를 들어 한 종목이 1년 동안 12배 올랐다고 할 때, 수익을 거둔 사람은 얼마나 될까?

한 자료에 의하면 2009년 상반기 주가가 10배 오른 어떤 종목의 회전율이 140%였다고 한다. 이 현상은 수많은 사람이 사고팔기를 반복했다는 것을 의미한다. 사람들은 아마도 이 종목에서 어느 정도 수익을 거두고 나서 다른 종목으로 눈길을 돌렸을 것이다. 그리고 팔고 난 후에 이 종목이 더 오른 것을 보고 후회했을지도 모른다. 결국 이 종목을 오랫동안 보유하고 있던 투자자에게는 좋은 종목으로, 적은 수익만

챙기고 떠난 투자자에게는 별로 좋지 않은 종목으로 기억될 것이다.

2007년은 유례없이 주가가 올랐던 폭등 장세였다. 연초에 한 종목을 사서 매매하지 않고 생업에 충실했던 투자자는 많은 수익을 거두었다. 그러나 얄팍한 실력만 믿고 차트를 보며 사고팔기를 반복했던 대부분의 투자자는 아주 적은 수익을 얻었거나 도리어 손해를 봤다.

세상에 원래부터 좋은 사업은 없다. 혼신의 힘을 다해 노력하다 보면 좋은 사업이 되는 것뿐이다. 한식 외식업체인 (주)놀부의 김순진 회장은 1980년 신림동 재래시장 골목에서 남편과 함께 열 평 규모의 족발 가게를 열었다. 당시 그녀는 앞치마를 두르고 족발을 썰었고 남편은 배달을 했다. 어느 누가 이 조그만 족발 장사가 이렇게 성장하리라고 생각했겠는가?

김순진 회장은 밤잠을 줄여 좋은 족발을 만들었고 이를 발판으로 오늘의 (주)놀부를 탄생시켰다. 족발 가게는 예나 지금이나 우리 주위에 널려 있다. 일반적인 아이템에서 새로운 사업을 탄생시킨 김순진 회장을 보면 원래부터 좋은 사업이 있는 것이 아니라, 좋은 사람이 좋은 사업을 만들어 가는 것이라는 말이 진리라는 생각이 든다.

우리는 흔히 주가를 기업 실적의 그림자라고 말한다. 그러나 필자는 주식을 내 마음의 그림자라고 말한다. 주가가 기업 실적을 따라가는 것은 분명하다. 하지만 투자자인 내가 그걸 믿지 않고 매일매일 흔들리는 시장 상황에 매몰되어 중심을 잡지 못한다면 아무 소용이 없다. 세상의 모든 일은 마음먹기에 달렸다고 한다. 주식투자도 마찬가지다. 주가를 좌우하는 가장 결정적인 요소 중 하나가 바로 투자자의 심리이기 때문이다.

주가에 영향을 미치는 요소는 사실 아주 많다. 요즘에는 그런 정보가 상당 부분 공개되어 있어서 조금만 관심을 가지고 찾으면 싸게 혹은 무료로 얻을 수도 있다. 그렇다면 투자에서 문제가 되는 것은 무엇일까. 수많은 정보와 자료를 해석하고 판단하고 결단하는 데 자신의 원칙과 전략을 어떻게 세울 것인가 하는 것이다.

주식투자는 쉽고(Simple) 편하게 즐기면서 해야 한다. 따라서 아는 만큼만 하는 것이 좋다. 종목을 선정할 때도 내가 사업을 하고 싶은 종목을 선정해서 그 회사의 경영에 주주로서 참여하고 있다고 생각해야 한다. 내가 잘 아는 종목을 선정해야 하는 것이다.

주식투자에 특별한 비법이 있다고 필자는 생각하지 않는다. 위인전에서 생활의 지혜를 배웠듯이 그동안 주식투자로 성공한 투자의 대가들을 통해서 배우면 된다. 물론 일상생활에서 주식투자의 영감을 얻을 수도 있다. 골프, 선거, 심지어 결혼 생활 속에서도 주식투자의 지혜를 얻을 수 있다.

이 책은 모두 6장으로 구성하였다. 모두 전략적인 부분에 관한 내용들이다. 제대로 된 전략도 가지고 있지 않은 채 전술에만 의지해서는 결코 원하는 수익을 거둘 수 없다. 그러니 지금 이 순간, 이 책을 통해 자신의 투자 전략을 재점검하기 바란다.

필자는 이 책에서 SIMPLE(단순)의 이니셜을 통해 투자의 전략을 이야기하고자 한다. Slow-Insight-Manager-Personality-Leisure-Experience라는 주제로 관련 있는 내용들을 담았다. 그것들은 이 책에서 꼭 확인해보기 바란다.

사실 주식투자는 어렵게 할 필요가 없다. 주식투자는 단순하게 해야 한다. 어렵고 복잡할수록 핵심을 간단명료하게 짚어, 그곳에 집중해야 한다. 선택과 집중은 세상 모든 분야에서 통용되는 성공의 지름길이기 때문이다.

끝으로 지난 25년 이상 필자의 건강 코치이자 러브 코치이며 인생의 동업자인 아내 김정숙과 든든한 아들 영준에게 고마운 마음을 보낸다.

강남의 빌딩들을 바라보며
주병선

Contents

[01]

Slow&Long Term

장기투자가 답이다

금융 패러다임이
변하고 있다

2008년 9월, 투자은행(IB) 시대가 역사에서 사라졌다. 그 동안 투자은행들은 고위험 고수익을 좇아 자기 자본 대비 채무가 수십 배에 달할 정도로 지나치게 차입에 의존한 경영을 해왔다. 더구나 미국 연방준비제도이사회(FRB)의 지휘, 감독도 받지 않았다.

미국식 금융자본주의는 1980년대 초 시작된 '레이거노믹스'를 바탕으로 하고 있다. 스태그플레이션(경기 침체 속 인플레이션)에 시달리던 시기에 집권한 로널드 레이건 대통령은 대공황 이후 50여 년간 미국 경제의 근간이었던 케인즈주의를 폐기하고 신자유주의를 채택했다. 신자유주의의 핵심은 '작은 정부, 큰 시장'과 '탈규제, 무국경'이었다.

레이거노믹스는 금융업이 세계 경제를 지배하는 금융자본

주의가 꽃을 피우는 계기가 됐다. 정부의 어떤 감독도 받지 않는 헤지펀드와 사모펀드는 돈이 되는 곳이라면 어디든 침투했다.

대공황 이전까지 세계 경제를 주물렀던 투자은행들은 다시 금융자본주의의 주인공으로 부상했다. 컴퓨터와 수학 및 공학이 발달하면서 투자은행들은 파생 금융상품을 만들어 50조 달러로 투자의 규모를 늘렸다. 자기 자본의 100배에 달하는 돈을 빌려 이리저리 투자하는 위험천만한 일도 서슴지 않았다. 미국의 금융자본은 아무런 규제 없이 국경을 넘나들었다. 이들이 벌어들이는 돈은 제조업이 추락한 미국을 세계 최강국으로 지탱하는 힘이 됐다. 그러나 지나친 탐욕은 부메랑이 되어 돌아왔다.

월가의 5대 투자은행 중에서 살아남은 회사는 골드만삭스와 모건 스탠리뿐이다. 베어 스턴스는 JP모건에 인수됐고, 리먼 브러더스는 파산 보호 신청을 했으며, 메릴린치는 BOA에 인수되었다. 살아남은 골드만삭스와 모건 스탠리도 순수 지주회사가 아닌 은행 지주회사로 변해 예금, 대출 업무를 하는 상업은행 형태를 띠게 되었다.

순수 투자 업무만 하는 은행은 사라지고 상업은행 업무를 겸하는 종합 금융업 시대가 도래한 것이다. 이렇게 되면 두 회사는 FRB의 엄격한 통제하에 놓이게 되어 그들이 추구해

온 과도한 레버리지를 이용한 차입 경영을 할 수 없게 된다.

지난 수년 동안 미국의 투자은행들은 글로벌 금융시장의 저금리를 이용하여 엄청난 차입금을 들여왔다. 그들은 FRB의 간섭과 규제를 받지 않고 수많은 파생상품을 무제한으로 만들어 주식시장의 큰 손으로 자리잡았다. 그들 덕분에 글로벌 주식시장은 장기 상승세를 이어갈 수 있었고, 투자은행들은 그 과정에서 또다시 고수익을 올렸다.

그러나 투자의 대가였던 워렌 버핏은 투자은행들이 파생상품으로 엄청난 돈을 벌고 있을 때에도, 파생상품 투자는 지나치게 위험하고 심지어 언제 터질지 모르는 '시한폭탄', '대량 살상 금융 무기'라고 말해 왔다.

그는 1999년부터 2000년에 있었던 IT 버블 때도 IT 주식이 엄청나게 폭등하는 것을 보면서도 그것은 그저 '행운의 편지'일 뿐이라며 사지 않았다. IT 버블이 끝난 후 전혀 손실을 입지 않았던 것처럼, 파생상품에 투자하지 않았던 워렌 버핏은 이번에도 손실을 입지 않았다고 한다.

그리고 나서 투자은행 중 일등 회사인 골드만삭스가 금융 지주회사로 전환하겠다고 선언하자 그곳에 50억 달러를 투자했다. 골드만삭스가 금융 지주회사가 된다는 것은 앞으로 상업은행의 업무도 한다는 뜻이고, 이는 FRB의 엄격한 규제를 받게 된다는 것을 의미하기 때문이었다.

워렌 버핏은 이 점을 확인한 후 주가가 대폭락한 골드만삭스에 투자한 것이다. 경쟁자가 대부분 사라진 상태였으므로 신용위기만 회복하면 골드만삭스의 시장 지배력은 훨씬 더 커질 것이라고 판단한 것이다.

미국의 서브 프라임 위기로 인해 국제 금융시장이 거대한 변화를 겪고 있다. 그동안 세계 경제는 중국을 비롯한 옛 사회주의 국가들이 경제 재건을 위해 싼 값으로 물건을 수출한 덕분에 물가 안정과 함께 지속적인 성장을 이룰 수 있었다. 그러나 이제는 그 나라들도 더 이상 싼 값으로 수출할 수 없는 상황이 되었다.

이렇게 경기가 둔화되고 물가가 오르면 소비가 위축되고 기업 실적도 나빠지게 마련이다. 하지만 브랜드 파워가 있는 기업들은 불황을 극복할 수 있는 능력을 가지고 있다. 경기가 침체기에 접어들면 시장에서 우위를 점한 기업들은 꾸준한 수요와 경제 효과를 살려 상대적으로 안정적인 이익을 거두기 때문이다. 브랜드 파워가 강한 기업은 아무리 경기가 나빠도 지속적인 성장이 가능하지만 브랜드 파워가 약한 기업은 큰 어려움을 겪게 될 것이다.

글로벌 시장에서 통용되는 1위 품목을 보유하고 있거나 해당 시장에서 압도적 점유율을 유지하는 기업들은 브랜드 파워가 뛰어나다고 평가할 수 있다. 여기에 기술 진입 장벽까지 더해지면 원자재 가격이 상승해 비용이 늘어난다 해도 제품 가격에 이를 전가하는 것이 가능해진다. 이런 회사는 고객의 충성도도 높아 수요가 줄어들지 않기 때문에 경기 변화의 영향을 덜 받는다. 심지어 해당 업종 내에서 경쟁이 치열해지거나 구조 조정이 이루어질 때에도 오히려 강한 모습을 보인다.

앞으로도 글로벌 경쟁력을 갖춘 기업은 꾸준히 주가가 상승하겠지만 그렇지 않은 대부분의 기업 주가는 제자리인 차별화 장세가 진행될 것으로 보인다. 그야말로 기업 분석을 철저히 해서 투자를 해야 하는 시대가 온 것이다.

그동안 투자자들은 대부분의 종목이 오르는 강세장에서 차트 매매, 시황 매매를 통해 어느 정도 수익을 올릴 수 있었다. 그러나 이제 차트만 보고 매매해서는 수익 내기가 어려울 것이다.

따라서 이제 주식투자의 기본으로 돌아가야 한다. 세상이 어떻게 변하는지 분석하고 그 변화에 발맞춰 나가는 기업을 철저히 분석해서 주식투자를 하되 좋은 기업을 찾아 투자를 해야 한다. 그동안 지속된 강세장에서도 대부분의 개인 투자자들은 손실을 입었다. 기존의 고정관념에 사로잡힌 수많은 개인 투자자들은 앞으로 더 큰 위험에 노출될 것이다.

기다리는 자만이
시장을 이긴다

사람들은 날마다 주식시장의 변화를 지켜보면서 수익이 나면 가슴을 쓸어내리고 손실이 나면 불안감에 사로잡힌다. 주가가 하향 곡선을 그리면 '어머나! 한 달 생활비가 날아갔네. 내일은 더 떨어지면 어떡하지?' 하고 불안해 한다. 그러나 주식투자자는 주가가 오를 때 빨간 막대를 보고도 흥분하지 않아야 하고, 주가가 내릴 때 파란 막대를 보고도 공포를 느끼지 않아야 한다. 즉, 마음을 바로잡아야 하는 것이다.

물론 그러기 위해서는 상당한 수련이 필요하다. 기본적으로는 자기가 보유한 종목을 믿어야 한다. 따라서 믿을 수 없는 종목은 처음부터 사지 말아야 한다. 그리고 한번 믿고 산 종목은 특별한 일이 없는 한 등락에 신경 쓰지 말고 느긋하게 기다려야 한다. 필자 역시 이러한 상황을 숱하게 겪었고,

숱하게 흔들렸다. 그러고 보면 '경험이 밥 먹여 준다'는 말이 거짓은 아닌 모양이다.

주식에 투자를 할 때 이 사람 저 사람에게서 수많은 이야기를 듣게 되고, 신문과 인터넷 등에서도 다양한 이야기가 흘러 들어와 우리의 판단이 흐려질 때가 많다. 이럴 때일수록 주식투자는 '눈'으로 하는 것이지 '귀'로 하는 것이 아니라는 사실을 믿어야 한다. 주식투자는 하루하루를 '관리'하는 것이 아니라 미래를 '경영'하는 일이라는 사실을 믿어야 하는 것이다.

사실 주가와 경기는 친형제와 같다. 경기가 형님이어서 약간 앞서가기는 하지만 항상 같이 움직인다. 호경기에는 주가가 오르고 불경기에는 주가가 떨어진다. 호경기가 계속되면 기업 실적이 덩달아 좋아지고 주가는 계속 오른다.

어떤 사람들은 주가는 수급이 중요하다고 말한다. 그러나 여기서 말하는 수급은 경기가 좋아지고 그 다음 기업 실적이 좋아져 주가가 오를 것으로 판단한 투자자들이 몰려들어 생기는 현상이므로 종속변수에 불과하다. 수급은 매우 중요한 주가 결정 요소인 것처럼 보이지만 사실은 선행조건인 경기와 기업 실적에 따라서 자동적으로 파생되는 것에 불과하다.

서브 프라임 사태가 발생했을 때를 생각해 보자. 미국의 주택 시장이 대공황 이후 최악의 상황에 접어들어 압류가 계속 증가하면서 집값 추가 하락에 대한 우려가 높아졌다. 미국의 GDP 중에서 소비가 70% 이상을 차지하는 것을 감안하면, 미국 국민들이 도저히 소비를 할 수 없는 지경에 다다른 것이다. 오죽했으면 앨런 그린스펀 전 연방준비제도이사회 의장이 "주택 시장을 살리기 위해서는 이민자를 더 많이 받아 수요를 확대해야 한다"고 했겠는가? 금융 부문에서 시작된 신용 위기가 실물 경기를 위축시켜 2009년 하반기가 되어도 회복이 불가능하다고 말할 지경이다.

글로벌 경제는 전염성이 매우 강하다. 일본은 10년 불황에서 벗어나 2002년부터 경기가 회복 중이었는데 세계 경제의 여파를 피해가지 못하고 있다. 유럽의 거의 모든 나라도 주택 가격이 심각할 정도로 하락했으며 경기는 침체되었다. 미국의 서브 프라임 사태가 선진국의 경기 침체를 불러온 것이다. 이처럼 한번 경기 침체에 빠지면 관성에 의해서 상당 기간 헤어날 수 없다. 당연히 주가도 오르지 않는다.

우리나라는 국민 경제의 60%를 수출이 담당하고 있다. 글로벌 경제 상황이 나빠지면 수출에서 발생하는 수입으로 먹고 사는 우리나라 경제도 타격이 크다.

이럴 때일수록 투자자는 믿을 만한 주식을 사야 하고 그 주식을 굳게 믿어야 한다. 그리고 한번 믿고 산 주식은 특별한 일이 없는 한 오랫동안 보유하는 것이 좋다. 이것이 왜 그리고 얼마나 중요한지 다음 기사를 통해 확인해 보자.

투자 전략가 A 씨는 증권가에서 '미다스의 손'으로 불립니다. 그가 주식시장이 하락세를 보일 것이라고 말하면 80%는 정확하게 맞아들어갑니다. 그리고 오를 것이라고 말한다면 60% 확률로 맞히는 능력을 갖고 있습니다. 정확도가 꽤 높은 편이지요.

그런데 A 씨 말을 그대로 따른 투자자는 과연 돈을 많이 벌었을까요? A 씨가 내년에 오른다고 하면 주식형 펀드에 가입하고, 내년에 떨어진다고 하면 돈을 빼서 채권에 넣은 투자자가 있다고 칩시다. 그는 '투자에는 타이밍이 있다'는 말을 철석같이 믿었습니다.

결론부터 말하자면 좋지 않았습니다. 1987년 추아, 우드랜드 등 경영학자들이 '몬테카를로 시뮬레이션'이라는 통계학 기법을 이용해 이 시나리오를 검증해 봤습니다. 그랬더니 우직하게 주식형 펀드에 돈을 묵혀 놨던 사람에 비해 '타이밍'을 믿은 사람은 연평균 1.12% 포인트 떨어진 수익률을 냈습니다. 아무 예측도 하지 않고 기다렸던 사람이 나았다는 겁니다.

왜 이런 결과가 나왔을까요? 연구를 진행했던 경영학자들은 이렇게 말합니다. "그냥 주식형 펀드에 돈을 묵혀 놓은 사람들은 주식이 오를 때 언제나 상승 열매를 딸 수 있었습니다. 그러나 A 씨의 말만 들은 사람들은 A 씨의 예측이 틀릴 20% 확률

만큼 상승장을 놓쳤습니다."

시장에는 '나는 상승과 하락 타이밍을 잘 맞힐 수 있다'고 생각하는 사람이 많습니다. 그래서 최근 주가가 오르니 그냥 돈을 빼 버리는 사람도 많습니다. 그럴싸하게 앞으로는 시장이 안 좋을 거라는 논리를 대면서 말이죠. 그러나 '시장을 맞힐 수 있다'는 적극적인 사람보다 '그냥 묵혀 두겠다'고 생각한 사람들이 더 나았다는 역설적 결론은 펀드에서 환매가 일어나기 시작한 지금 투자자들에게 시사하는 바가 큽니다.

- 《매일경제》, 2008. 4. 15.

경기에 민감하게 반응하는 주식을 '경기 민감 주식'이라고 한다. 이 주식은 호경기에는 상승률이 높지만 불경기에는 하락률이 높은 편이다. IT 관련 주식이 대표적인데, 아무리 장기투자를 한다고 해도 불가피하게 경기의 흐름에 맞춰 비중을 조절해야 한다.

이를테면 호경기가 끝나기 전 비중을 축소했다가 불경기가 막바지에 이르렀을 때 서서히 비중을 늘려 가면 수익을 극대화하는 것이다. 그러나 이는 매우 번거롭고 호경기와 불경기의 사이클을 정확히 맞추기가 어렵다는 단점이 있다.

어쨌든 위의 기사는 투자자들에게 많은 것을 이야기해 준다. 매매를 자주 하는 사람일수록 증권사 배만 불려 주기 일쑤다. 그리고 그 수수료는 생각보다 커서 그 이상의 수익을 거두는 개인 투자자는 드물다. 장기투자의 해답을 바로 여기서 찾아야 한다. 국내의 대표적인 가치 투자자인 이채원 한국밸류자산운용 부사장이 말했듯, 투자의 고수들은 한결같은 이야기를 늘어놓는다. "저평가된 주식을 오래 보유하라"고 말이다.

많은 이들이 시장과 경쟁하며 전쟁을 치르고 있다. 그러나 시장을 이기는 사람은 별로 없다. 하지만 결코 변치 않는 대가들의 원칙, 시장을 이기는 원칙이 있다. 바로 믿을 만한 주식을 장기간 보유하는 것이다.

차트 투자에도
함정은 있다

사람이 살아가는 방법은 여러 가지다. 어떤 사람은 직장에 다니고 또 어떤 사람은 사업을 한다. 직장의 종류도 매우 많아서 일일이 꼽을 수 없고 사업의 종류도 헤아릴 수 없을 정도로 많다. 성공의 수단과 방법 또한 아주 많다. 이처럼 사람이 살아가는 방법은 무척 다양하다.

주식투자도 마찬가지다. 주식을 단순히 사고파는 물건이라고 생각하는 사람이 있는가 하면, 주식을 사는 순간 그 기업의 주주로서 경영에 참여하고 있다고 생각하는 사람도 있다. 전자의 경우에는 내가 산 가격보다 비싸게 사겠다고 하면 당장 팔려고 한다. 그러나 후자의 경우, 비싸게 사겠다고 해도 당장 팔 생각을 하지는 않는다.

주가가 대폭락했을 경우 두 대응 방식은 더 큰 차이를 보인다. 전자의 경우 손해를 보았다고 생각해서 팔 생각부터 한다. 하지만 후자의 경우에는 그 회사의 경영 상태에 큰 문제가 없는 한 주식을 팔 생각을 하지 않는다. 이처럼 주식을 시장에 내다 팔 때도 판단 기준이 사람마다 제각각이다. 어떤 사람은 기업 가치를 초과해서 지나치게 거품이 끼었다고 생각하여 파는가 하면, 또 어떤 사람은 기업의 내용이나 가치는 무시하고 차트가 보내는 기술적 신호에 의해서 매매를 하기도 한다.

기술적 분석에 심취한 사람들은 주가 차트가 모든 것을 반영한다고 말한다. 차트 속에 모든 정보와 자료가 들어 있으므로 모든 판단의 증거로 충분하다는 것이다. 그러나 차트를 믿지 못하는 사람들은 차트가 미래의 판단 자료로는 충분하지 않다고 말한다.

'시골 의사'로 유명한 박경철 씨가 "일부 펀드매니저 중에 차트를 전혀 보지 않는다고 말하는 사람이 있는데 그것은 오버다"라고 이야기한 것을 신문에서 읽었다. 그 말에 동의한다. 그러나 무엇이 중심이 되고 무엇이 보조 수단이 되어야 하는지는 확실히 알아야 한다.

필자가 학교를 다닐 때에도 각 과목마다 교과서와 참고서가 있었다. 그 당시 공부를 잘하는 친구들은 교과서를 기본으로 보고, 부족한 부분은 나중에 참고서로 보충했다. 지금도 수석 합격을 한 이들의 공부 비법을 들어 보면 이와 크게 다르지 않다. 주식에도 교과서와 참고서가 있다.

주식투자의 기본 교과서는 기업에 대한 믿음과 신뢰다. 따라서 시장 상황이 아무리 요동쳐도 그 회사의 펀더멘탈에 이상이 없으면 절대 흔들려서는 안 된다. 기술적 분석은 주식투자의 참고서에 불과하다. 교과서를 외면한 채 참고서만 의지해서 매매를 한다는 것은 대단히 위험하다.

2008년 8월 23일 밤, 베이징 올림픽 야구 결승전에서 우리나라는 쿠바를 꺾고 금메달을 획득했다. 쿠바는 역대 올림픽에서 세 번의 금메달과 한 번의 은메달을 차지한 강팀이었다. 사령탑인 김경문 감독은 베이징 올림픽에서 미국, 일본, 쿠바 등 강호들을 모두 제압하고 당당히 한국 야구를 세계 정상에 올려놓았다. 9전 전승의 완벽한 정상 등극이었다.

'동메달만 따도 대성공'이라고 했던 한국 야구가 금메달을 딴 것은 기적이나 다름없었다. 우리 선수들조차 금메달 획득을 불가능한 목표로 여겼다. 그러나 이런 기적을 현실로 이끈 주인공이 있었으니 바로 김경문 감독이었다. 김경문 감독의 야구는 철저한 '믿음의 야구'였다. 외부의 지적에도 아랑곳 않고 뚝심을 가지고 선수들을 믿었다. 특히 준결승전과 결승전에 나선 이승엽 선수의 대활약은 그야말로 김 감독의 믿음이 낳은 작품이었다.

그는 휴식이나 마찬가지였던 예선 마지막 네덜란드 경기를 제외하고는 매 경기 이승엽 선수를 4번 타자에 기용했다. 그 당시 이승엽 선수는 1할대 타율에 머물러 논란이 많았다. 후배들이 잘해줬으니 망정이지 만일 예선전 결과가 좋지 않았다면 모든 비난이 이승엽 선수에게 쏟아질 뻔했다.

하지만 김경문 감독은 이승엽 선수를 끝까지 믿었다. "이승엽이 버티는 것만으로도 타선에 큰 도움이 된다"며 변함없는 신뢰를 보냈다. 결국 이승엽 선수는 준결승전에서 홈런을 터뜨린 뒤 결승전에서 값진 선제 2점 홈런을 뽑아 '9전 전승'이라는 대 위업을 일궈냈다. 그동안의 불안과 우려를 일시에 날려 버린 것이다.

그뿐 아니라 김경문 감독은 일본과의 준결승전과 쿠바와의 결승전에서 김광현 선수와 류현진 선수를 각각 선발로 내세웠다. 구원 투수진이 불안하다는 현실적인 문제도 있었지만 김광현 선수와 류현진 선수에 대한 무한 신뢰가 그 바탕이었다. 이 밖에도 일본전에서 좌투수가 예상되는 상황에서 "좌타자는 좌투수에게 약하다"는 통설을 뒤집고 1번부터 4번 타자까지 모두 좌타자로 기용하는 모험을 걸었다.

이는 김경문 감독의 철저한 선수 파악과 자신감이 있었기에 가능한 것이었다. 올림픽 역사상 야구가 최초로 금메달을 획득한 이면에는 김경문 감독의 투철한 믿음과 결단이 숨어 있었던 것이다. 만약 성적이 저조했던 이승엽 선수를 믿지 않고 다른 선수를 등용했다면 올림픽 우승은 아마 물거품이 되고 말았을 것이다.

이처럼 주식투자에서도 한번 믿고 산 종목은 그 기업을 믿고 끝까지 가겠다는 믿음과 결단이 필요하다. 감독이 자기를 끝까지 믿고 있다는 사실을 안 이승엽 선수가 결국 홈런 한 방으로 올림픽 우승을 선물한 것처럼, 그 주식은 투자자에게 큰 수익으로 보답할 것이다.

월스트리트의 역사상 가장 성공한 펀드매니저이자, 마젤란 펀드를 세계 최대의 뮤추얼 펀드로 키워내 '월가의 영웅'이라는 찬사를 받은 피터 린치는 "자신이 매수한 주식과 쉽게 헤어지는 이유는 믿음의 기반이 약하기 때문이다. 주식투자도 남녀의 사랑과 마찬가지이다. 처음부터 현명하게 선택했다면 그렇게 쉽게 헤어질 이유가 없다"고 말했다. 그의 이야기를 더 들어 보자.

주식투자의 운명을 결정하는 것은 머리가 아니라 배짱이다. 겁 많은 투자자는 아무리 머리가 좋아도 불길한 운명을 예고하는 사람들의 말에 넘어가 주식시장에서 도망쳐 나온다. 주식투자로 돈을 벌려면 주가 하락이 두렵다는 이유로 주식시장에서 서둘러 빠져 나오지 말아야 한다. 이 점은 아무리 강조해도 지나치지 않을 정도로 중요한 일이다.

좋은 종목을 고르는 방법과 수익률이 좋은 펀드를 선택하는 방법을 설명하는 책들이 매년 수없이 쏟아져 나온다. 그러나 의지력이 없으면 이 모든 정보도 아무 소용이 없다. 다이어트와 주식투자에서 결과를 결정짓는 것은 머리가 아니라 배짱이다.

최적의 투자 시점을 연구하여 주가가 오를 것이라는 확신이 들 때 시장에 들어갔다가 전망이 불확실해지면 시장에서 빠져나오는 사람보다는, 오히려 경제와 시장 상황에 무심한 채 계획에 따라 정기적으로 투자하는 사람이 더 좋은 성과를 얻는다. 아무리 끔찍한 폭락이라 해도 주가는 결국 회복된다.

주가 하락은 놀라운 일이 아니다. 특별한 일도 아니다. 일상적인 일일 뿐이다. 주가가 떨어질 때도 있다는 사실을 염두에 두고 주가 하락을 견딜 준비를 해야 한다. 그리고 관심 있는 주식이 떨어지면 이를 저가 매수의 기회로 생각해야 한다.

– 피터 린치·존 로스차일드,《피터 린치의 이기는 투자》, 흐름출판

사람들은 차트를 보고 매매하는 것을 주식투자라고 생각한다. 그러면서 차트 속에 무슨 투자 비법이 있는 양 착각을 한다. 그러나 필자는 주식투자에만 특별히 적용되는 비법은 없다고 생각한다. 오히려 주식투자에 정말로 필요한 비법은 세계적으로 유명한 주식투자 대가들이 한 말이나 행위 속에

있다고 생각한다. 그런 성공의 방법을 체득하여 자기만의 방식으로 주식투자에 적용한다면 그것이 바로 비법인 것이다.

장기투자가 답이다

수많은 사람들에게 욕망의 결정체인 주가는 오를 때가 있으면 내릴 때가 있고 내릴 때가 있으면 오를 때가 있는 법이다. 그런데 주가가 계속 오를 때가 있다. 기업 실적이 꾸준히 향상될 때이다. 주가는 기업 실적의 그림자이므로 기업 실적이 좋아지는 한 꾸준히 상승한다. 그런데 기업 실적에 영향을 미치는 요소가 있다.

그중에 하나가 경기다. 경기가 나쁘면 당연히 기업 실적도 나빠진다. 그런데 여기서 말하는 경기는 우리가 보통 생각하는 체감 경기만을 의미하지는 않는다. 재래시장이나 동네 슈퍼마켓의 경기가 나쁘다고 해서 코스피 지수가 하락하는 것은 아니기 때문이다.

그리고 주가는 경기 선행 지수(미래의 경기)와 동행하거나 심지어 이를 선행하기도 한다. 주가는 대부분 현재의 실물 경기를 반영하지 않는다. 그래서 현재 경기가 나쁜데도 주가가 올라가는 경우가 있는 것이다.

우리나라는 증시에서 시가 총액의 60% 이상을 수출 기업이 차지하고 있고, 나머지 40%의 내수 기업도 상당 부분 수출 경기에 영향을 받는다. 대부분의 기업은 수출 비중이 높을 수밖에 없는 것이다. 그래서 수출 경기가 좋은 대기업은 우리가 일반적으로 생각하는 체감 경기와 상관없이 꾸준히 기업 실적이 좋은 경우가 많다. 물론 단기적으로는 미국 다우지수의 변화에 따라 움직이는 경우가 대부분이지만 말이다. 그래서 결국 우리나라 코스피 지수는 글로벌 경기 동향과 밀접하게 관련 있다고 보는 것이다.

그중에서도 미국과 같이 우리나라의 수출 비중이 높은 나라의 경기에 주가는 민감하게 반응한다. 개인 투자자들이 경제 신문을 볼 때 종목 뉴스 외에 산업 뉴스에도 관심을 가져야 하는 이유가 여기에 있다. 그러나 경기를 예측한다는 것은 종합 지수를 예측하는 것만큼이나 어렵다. 그래서 대부분의 증권사 이코노미스트들도 경기 예측을 잘못 하여 실수한 경우가 많다고 고백하는 것이다.

경기는 금리, 환율, 원자재 동향, 산업의 변화 등에 따라 변한다. 그런데 요즘은 과거에 비해 경기 사이클이 더욱 짧아지고 변화무쌍해졌다. 그래서 예측하기가 더욱 어렵다. 증권업계에 20여 년간 몸담으며 오랫동안 베스트 이코노미스트 자리를 놓치지 않은 피데스 투자자문의 김한진 부사장의 이야기를 들어 보자.

경기를 알아맞히는 일은 태풍의 진로를 예측하는 것보다 더 어렵다. 경기 전망에 따라 주식을 사고팔고, 그것을 잘 맞혔다면 아마도 경기가 바닥일 때 주식을 팔고, 경기가 최고조에 달했을 때 주식을 사는 잘못을 저지르지는 않았을 것이다.

수십 년간의 데이터를 보면 경기가 극도로 나쁠 때 주식을 사서 경기가 펄펄 끓을 때 주식을 팔아야 성공을 거뒀다. 그러나 경기가 최악에 이르렀을 때치고 시중에 긍정적인 경기 전망이 나온 적이 드물었고, 경기가 최고 과열에 도달했을 때치고 경제 전문가들의 자신 있는 경고 전망이 나온 적이 드물었다.

실제로 경기는 악화 추세에서 더 악화되거나 갑자기 위로 급반전하는 경우가 많고, 반대로 확장 추세에서 더 확장되거나 혹은 아래로 급하락하는 경우가 더 많았다. 또 지난번에는 V자로 반전한 경기가 이번에는 U자로 돌아서고, 지난번에는 바닥이 짧은 U자로 반전한 경기가 이번에는 바닥이 냄비처럼 긴 U자로 돌아서는 경우가 많다.

지난번에는 여러 징후와 경고음 끝에 경기가 무너졌지만 이번에는 사전 예고도 없이 경기가 폭삭 무너져 내리기도 하는 것이 경제의 현실이다. 물이 섭씨 100도에서 끓고 0도 밑에서 얼음으로 변하는 것처럼, 실물 경기도 일정한 임계 수준에서 어떤 현상의 규칙적 변화를 보이면 좋겠지만 현실이 그렇지 않으니 문제다. 경기는 일정 추세를 가지고 움직이지만 어떤 계기에 의해 균형이 깨지기도 하고, 어떤 변수들의 누적된 힘에 의해 그 방향이 크게 틀어지기도 한다.

– 김한진, 《3040 주식투자 실물 경제학》, 이코북

필자는 얼마 전 전화번호부 사이에 끼워져 있던 것을 발견했는데, 그것을 보면서 장기투자의 매력을 뼈저리게 실감했다. 다음은 그 내용의 일부이다.

· 확인서 ·

두산, 두산중공업, 두산건설, 한국공항, 대한해운의 투자금액이 2007년 11월에 두 배가 된다.

현재 투자금액 : 100,000,000원

2007. 4. 30.

확인자 : 주병선 (인)

이것은 필자가 전화번호부를 뒤적이다가 우연히 발견한 것인데, 2007년 4월에 이 종목을 사면서 아내에게 약속한 증서였다. 그러나 5월 중에 위의 종목을 이런 저런 이유로 전부 매도한 후, 2007년 12월까지 이 종목 저 종목 사고팔면서 주식 쇼핑에 열중했다. 아직 정신을 못 차리던 시절의 이야기다.

비록 그때 주먹구구식으로 종목을 선정했다고 하더라도 현재까지 이 종목을 그대로 들고 있었다면 서브 프라임으로 인한 대폭락에도 수익은 분명 두 배 가까이 늘었을 것이다. 아무 생각 없이 그냥 세월만 보냈어도 됐을 것이다.

그 당시에 두산을 매수한 이유는 필자가 오랫동안 근무했던 (주)진로의 경쟁사였기 때문이다. 처음에는 두산이 술만 만들어 파는 회사인 줄 알았으나 좀 더 자세히 알아보니 투자가치가 충분하다는 판단이 들었다.

자체 사업만 가지고 본다면 크게 눈여겨볼 사업이 없었으나 그룹의 지주회사로서 두산중공업의 지분을 43%나 가지고 있었다. 또한 그룹의 알짜 회사인 두산중공업은 건설 중장비 제조사인 두산인프라코어와 두산건설의 지분을 많이 소유하고 있었다. 결국 두산의 주식을 사면 알찬 그룹의 모든 회사를 가질 수 있다는 생각이 들었다. 이 좋은 주식을 오래 보유하지 못하고 매도한 것이 두고두고 아쉽다.

기업의 실적은 경기에 큰 영향을 받게 마련이다. 그런데 경기를 예측하는 것은 전문가에게도 어려운 일이다. 그래서 워렌 버핏은 주식투자를 할 때 오히려 경기를 고려하지 않는다고 한다. 결국 경기 예측이나 주가 예측은 애당초 의미가 없다는 뜻이다. 그 기업의 미래에 대한 믿음이 필요할 뿐이다. 장기투자가 필요한 이유가 바로 여기에 있다. 주식시장에서 살아남는 길이 장기투자에 있다는 것을 믿는 이유도 마찬가지이다.

경제 변화에 주목하라

주가는 기업 실적에 비례해서 움직이지만, 기업 실적은 경기 변동에 따라 좋아지기도 하고 나빠지기도 한다. 경기가 좋아지면 기업의 투자가 늘어나고 고용도 확대되며 소비가 늘기 때문에 기업의 매출이 증대되어 기업 실적이 좋아지는 것이다. 경기가 침체되면 투자가 위축되어 고용 사정이 나빠지고 국민들의 소비가 줄어들어서 기업 실적이 부진하게 된다. 그래서 호경기에는 주가가 오르고 불경기에는 주가가 하락하게 된다.

그런데 경기는 순환하기 때문에 호경기의 막바지에 이르면 경기가 점차 침체기에 접어들게 된다. 어느 정도 경기 침체가 진행되면 정부는 재정 정책과 금융 정책을 동원해서 경기 부양을 하기 때문에 점차 경기가 회복된다. 이 순환을 정확하게 예측하기란 무척 어렵다. 더구나 지금은 세계화 시대이기 때문에 한 나라 경제 주체의 의지와는 관계없이 글로벌 경기와 국내 경기가 연동되어 움직이는 경우가 많다.

그래서 주식으로 큰돈을 번 사람은 경제학을 전공한 경제학자보다 세상의 변화에 탁월한 감각과 직관을 가진 소수의 사람이 대부분이었다. 오마하의 현인이자 투자의 대가로 불리는 워렌 버핏도 변화무쌍한 경기 변화를 예측할 수가 없어서 기업에 집중 투자했다고 한다. 그렇다고 해서 그가 경기 변화를 완전히 무시했다고는 할 수 없을 것이다.

경기란 일상생활에서 경제의 형편을 나타낸다. 기업 입장에서는 매출이나 수익성이, 가계 입장에서는 소득이나 소비지출이 판단의 척도가 된다. 그리고 국민 경제 전체를 대상으로 할 때는 경제 각 부분의 평균적인 상태, 즉 국민 경제의 총체적인 활동 수준을 경기라고 정의한다.

그런데 대부분의 개인 투자자들은 경기 변동에 대한 공부를 게을리 한다. 그래서 경제 신문도 증권면만 열심히 보고 국내외 경제 동향을 설명하는 종합 경제면과 기업 활동을 소개하는 산업면은 잘 보지 않는다. 이런 투자 습관은 아주 잘못된 것이다. 일부 뛰어난 투자자는 신문의 사회면을 보면서 세상의 변화를 짚어, 이에 맞는 종목에 투자해서 큰 수익을 거둔다고 한다.

물론 개인 투자자들에게 이렇게까지 요구할 수 없을지 모른다. 하지만 신문의 증권 면만 보지 말고 종합 경제면과 산업면을 정독해서 최소한 경제가 어떻게 변화하고 있는지 살펴볼 필요는 있다. 경기와 기업 실적이 반드시 일치하지는 않지만 더 큰 숲을 볼 수 있는 안목이 생기기 때문이다. 그렇다면 주가에 결정적인 영향을 미치는 경제 지표에는 어떤 것이 있을까?

수많은 경제 지표 중에서 GDP(국내총생산)와 경기 그리고 환율을 눈여겨보아야 할 것이다. 이 세 가지 경제 지표는 주가에 직접적으로 영향을 주기 때문이다. 그렇다면 하나씩 살펴보자.

첫 번째로 GDP다. GDP는 국민 경제 전체의 활동을 보여주므로 경제가 호황인지 불황인지를 판단하는 중요한 지표가 된다. 우리가 코스피 지수를 보고 주식시장의 전반적인 동향을 판단하듯이, GDP의 동향을 보면 한 나라의 경제가 어떻게 돌아가고 있는지 판단할 수 있다. GDP는 1년 동안 한 국가에서 생산된 모든 재화와 서비스의 시장 가치를 말한다. 그리고 한 나라의 모든 시장에서 거래되는 재화와 서비스에 대한 지출 총액이다.

만약 GDP가 전년도보다 증가했다면 그 경제의 재화나 서비스 생산량이 증가했거나 재화나 서비스 가격이 상승한 것이다. 이때 가격 변화는 배제한 채 실질적인 총 생산량만을 측정하는 것을 실질 GDP라고 하고, 가격의 변화까지 모두 반영하는 것을 명목 GDP라고 하는데 일반적으로 경제 성장률을 말할 때는 실질 GDP를 말한다.

우리가 신문이나 방송에서 보고 들어서 알고 있는 경제 성장률에 대한 얘기는 실질 GDP의 증감에 대한 이야기이다. 결국 실질 GDP가 줄어들면 경제 성장률이 하락했다는 보도가 나오고, 이는 생산량이 줄었다는 뜻이므로 불황이며, 이때는 기업 활동이 위축되므로 주가는 오르지 못하고 하락하게 된다.

두 번째는 경기다. 경기는 경제의 상태를 말하는 것으로, 경기가 좋으면 경제 상태가 좋고, 경기가 나쁘면 경제 상태가 나쁘다. 물론 경제 상태가 나빠지면 생산과 소비, 투자, 고용 등이 모두 좋지 않게 되는 것은 당연하다. 그런데 경제 활동은 한동안 활발해져 높은 수준에 머물다 저조해지고, 다시 활발해졌다 저조해지기를 반복한다. 경제 활동 규모 또한 커졌다 작아졌다 한다. 이런 현상을 경기 순환이나 경기 변동이라고 부른다.

경기가 언제 좋아지고 언제 나빠지는지 정확히 알기는 어렵다. 그렇더라도 주식투자자는 경기가 호황과 불황을 오가는 순환 주기 가운데 어떤 국면에 있는지, 경기가 언제 다음 국면으로 넘어갈지 파악하고 예측하는 일을 소홀히 해서는 안 된다. 주가는 항상 경기에 선행해서 움직이므로 호황기 끝이 오기 전에 주가가 먼저 하락하고 불황기의 끝이 오기 전에 주가 먼저 상승한다.

경기는 통계청에서 발표하는 경기종합지수(CI)를 보면 대체로 알 수 있다. 통계청은 경기 동향을 민감하게 반영하는 생산, 소비, 무역 등 21개 부문의 경제지표를 종합해서 지수 형태로 만든다. 경기종합지수에는 경기선행지수, 경기동행지수, 경기후행지수 이렇게 세 가지가 있다. 이 세 가지 지수를 통칭해 경기 지수라고 부른다. 주식투자자라면 눈앞에 어른거리는 주가 차트만 보지 말고 주가에 결정적인 영향을 미치는 경기 지수의 변화에도 각별한 관심을 가져야 한다.

세 번째로 환율이다. 환율은 서로 다른 통화를 교환할 때 적용하는 비율을 말한다. 환율은 통화의 대외 가치이며, 이것은 수시로 오르내린다. 환율이 변하면 돈의 가치도 함께 변한다. 가령 달러당 1,200원이던 원화의 교환 비율이 1,300원이 되면 원-달러 환율이 100원 상승했다고 한다. 이전에는 1,200원을 주면 1달러와 바꿀 수 있었던 것이, 이제는 1,300원을 주어야만 1달러와 바꿀 수 있다는 말이다. 이는 원화의 화폐 가치가 내린 것이므로 '원화 가치 하락'이라고 한다.

이렇게 원화 가치가 하락하면 외화로 표시된 수출 가격이 그만큼 싸져 가격 경쟁력을 가지게 되므로 수출이 늘고, 수입품의 자국 화폐 표시 가격을 상승시켜 수입은 감소한다. 따라서 국제 수지의 적자를 해소할 수 있다. 반면에 원화 가치 하락은 수입 원자재의 가격 상승과 그것을 사용한 수출품 가격의 상승이라는 2차 효과가 나타난다.

또한 원화 가치가 하락하더라도 우리나라와 경쟁 관계에 있는 통화인 엔화나 위안화의 가치가 더 많이 떨어지면 그 효과가 별로 나타나지 않게 된다. 우리나라 상품의 수출 채산성보다 경쟁국 상품의 수출 채산성이 훨씬 좋아지는 결과가 나타나기 때문이다.

게다가 환율 상승은 수입품 가격의 상승으로 인플레이션 현상을 가져올 수 있다. 국내 기업의 수입 원자재 가격이 상승하므로 국내 물가를 끌어올리는 요인이 되기 때문이다. 아울러 외국에 빚을 지고 있는 기업들에게 원금 상환 부담을 가중시키는 효과도 가져온다. 따라서 이럴 경우에는 수출업체이면서 원자재 수입 의존도가 낮은 기업에 투자를 하는 것이 바람직하다.

투자는
뿌린 대로 거둔다

주식투자는 농부가 농사를 짓는 것처럼, 부모가 아이를 키우는 것처럼, 경영자가 기업을 경영하는 것처럼 해야 한다. 이 종목, 저 종목을 차트를 보면서 쇼핑하듯 사고팔아서는 어쩌다 한번 행운이 찾아와 용돈을 벌지는 모르지만 지속적으로 큰돈을 벌 수는 없다.

종목을 선택할 때 가장 중요하게 생각해야 할 것이 바로 '기업의 사업 내용'이다. 주가에 영향을 미치는 요소는 일일이 열거할 수 없을 정도로 많다. 생각해 보자. 사람이 행복하게 살고자 할 때, 그 사람의 행복에 미치는 요소가 얼마나 많겠는가? 그런데 복잡한 문제일수록 매사를 간단명료하게 추려내 과감하게 결단을 하는 능력이 필요하다.

사람의 행복을 구성하는 요소는 크게 세 가지가 있다. 건강, 사랑, 돈이다. 몸과 마음이 건강하고 가정과 이웃 간에 화목하며 불편하지 않을 정도의 재력을 갖추고 있을 때 대부분의 사람은 행복하다고 말한다.

주식도 마찬가지다. 주가를 결정하는 요소는 엄청나게 많지만 주가에 영향을 미치는 결정적인 요소는 세 가지다. 경기, 기업, 심리가 그것이다. 투자자라면 글로벌 경기 상황을 잘 알고 기업의 사업 내용을 잘 알고 투자자의 심리 상태를 헤아리면 주식투자에서 성공할 수 있다. 그렇다면 그 기업의 사업 내용이란 도대체 무엇을 말하는 것일까?

많은 사람이 주가는 기업 실적에 비례한다고 말하면서 숫자에 치중해 이를 설명한다. 매출액, 매출액 성장률, 영업 이익, 영업이익 성장률, PER, ROE, EPS, PBR 등 도대체 개인 투자자들이 회계를 전공한 것도 아닌데, 그 많은 숫자를 어떻게 일일이 분석하고 공부한단 말인가?

만약 주식투자에서 기업을 분석하는 데 숫자가 가장 중요했다면 공인회계사나 세무사가 가장 큰 돈을 벌었을 것이다. 그리고 회계법인이나 세무법인들이 주식투자를 해서 자산운용 회사로 발전했을 것이다. 그러나 전 세계 어디를 둘러보아도 그런 일은 단 한 번도 없었다.

필자는 차트를 보고 판단하는 기술적 분석은 믿지 않는 편인데, 기술적 분석까지 들어가면 주식투자는 더더욱 어려워진다. 기술적 분석 기법이 너무 많아서 머리가 어지러울 지경이다. 그래서 기술적 분석가들은 차트에 대해 복잡하고 어지럽게 이야기해 놓고는 결국 주식투자는 일반인이 하기에 너무 복잡하고 어려우므로 전문가에게 맡겨야 한다고 결론을 내린다.

주식투자는 사업 계획을 하고 이를 실행하듯이 해야 한다. 보유 지분은 비록 적지만 보유하고 있는 그 종목의 최고 경영자(CEO)라고 생각해야 한다. 만약 자신이 경영자라면 주가가 조금 내렸다고 팔 생각부터 하겠는가? 결코 그렇지 않을 것이다.

종목을 고를 때도 마찬가지다. 자신이 사업을 하고 싶은 분야와 그것과 관련된 기업의 주식을 사는 것이 좋다. 모든 사업은 돈을 벌기 위해서 한다. 이처럼 주식투자도 결국 어떤 분야의 기업이 어떻게 돈을 벌고 있는지 생각한 후에 해야 한다. 물론 그 분야에 대한 끊임 없는 공부가 뒤따라야 하는 것은 아주 당연하다.

그렇다면 자신이 투자하고 싶은 기업을 어떻게 고를 수 있을까? 우선 그 기업의 사업 내용을 보아야 한다. 그리고 기업의 사업 내용이 마음에 들고 발전 가능성이 있다면 그 주식을 산다. 그리고 하루하루의 등락 상황에 신경 쓰지 말고 되도록 오래 보유하면 된다. 그렇다면 어떤 기업이 발전 가능성이 있는 기업일까? 그리고 그러한 기업의 사업 내용은 어떤 것일까? 간단하게 요약하면 다음과 같다.

1. 글로벌 경쟁력을 갖추어야 한다.
2. 진입 장벽이 확실해야 한다.
3. 지속적인 성장을 할 수 있어야 한다.
4. 시대를 앞서 가는 제품이나 서비스를 생산해야 한다.
5. 제품의 라이프 사이클이 길어야 한다.

위의 조건을 충족하는 기업은 대체로 성장을 추구하는 대기업일 경우가 많다. 많은 투자자들이 코스닥을 좋아하고 거래소의 중소형주를 좋아한다. 하지만 필자는 좋은 사업 내용을 갖고 있는 거래소의 중대형 우량주를 좋아한다. 그 이유가 바로 위에 나열한 다섯 가지 사항을 갖추고 있기 때문이다. 좋은 기업은 괜찮은 사업 아이템을 가지고 있다는 공통점이 있다. 그리고 그러한 기업이 선순환의 작용을 거쳐 지금의 크고 위대한 기업이 된 것이다.

장기투자의 대가,
사와카미 아쓰토의 투자법

　일본 장기투자의 대가로 꼽히는 사와카미 투자신탁 사장 사와카미 아쓰토는 1999년 487명의 개인 고객으로부터 167억 원의 운용 자금을 모아 회사를 설립해 현재 고객 12만 명에 운용자산 2조 4,000억 원의 대형 운용사로 키운 인물이다. 회사 설립 이후 9년 동안 펀드 수익률은 50%로, 같은 기간 10% 하락한 도쿄 증권거래소의 토픽스 지수를 크게 앞질렀다. 그는 개인 투자자에게 펀드 판매 수수료를 받지 않으며 기관 자금은 받지 않고 펀드 판매도 은행이나 증권을 통하지 않고 직접 개인에게 파는 방식을 고수하고 있다.

　사와카미는 철저한 장기투자 신봉자이다. 장기투자자는 시세나 테마를 무시해도 상관없다고 말한다. 그는 투자자들에게 자기가 추구하고 싶은 테마를 발견하고 거기에서 벗어나지 않는 투자를 하는 것이 중요하며, 뉴스나 경제 잡지에서 떠드는 테마에 휘둘리고 있을 시간이 있으면 장기투자를 할 수 있는 종목을 진지하게 찾으라고 주문한다.

사와카미는 앞으로 30년간은 물, 에너지, 철강, 기계, 식량 등 실물 투자가 주도하는 시대가 도래할 전망이어서 이와 관련된 종목을 싼 가격에 선점하는 전략이 필요하다고 주장한다. 편안한 마음으로 10년 동안 고객들에게 사랑받을 만한 기업에 투자하면 기대 이상의 성과를 거둘 것이라고 말이다.

그는 매일매일 시황에 흔들리는 사람들을 보면서 부자의 투자법을 제시한다. 대부분의 투자자는 시장의 가격 변동을 보면서 투자하는데 이것이 바로 혼란의 씨앗이라는 것이다. 시시각각 변하는 주가를 보면서 투자하는 것은 어느 쪽으로 굴러갈지 알 수 없는 몇 십만 명의 투자자 심리를 알려고 하는 것과 같다며, 투자의 세계에서나 비즈니스의 세계에서나 싸게 산 것을 비싸게 팔면 이익을 얻을 수 있으므로 어려운 것은 아무것도 생각할 필요가 없다고 그는 말한다.

사와카미는 주식투자에는 왕도가 없다고 한다. 주식투자는 기업의 성장 기회에 참가하는 것이므로 투자한 기업이 사업을 키워 이익을 확대하면 그 회사의 주주로서 자신의 보유분도 가치가 올라가므로 주식투자의 테크닉을 배우고 차트를 뒤지는 식의 운용 기술을 연마할 필요가 없다고 한다. 그럴 시간이 있으면 장기적으로 이익 성장성이 있는 기업을 발견해서 장기간 보유하라는 것이다.

그는 기업 성장은 선행 투자의 결과이므로 기업의 선행 투자기에 매수에 나서라고 말한다. 기업은 설비 확대와 기술 개발이라는 선행 투자가 없으면 매출 신장도, 이익 성장도 없다고 단언한다. 탁월한 혜안이라고 할 만하다. 그의 장기 투자론을 직접 들어 보면 우리가 그동안 얼마나 단기 매매에 열중했는가 하는 것을 알 수 있을 것이다.

매년 2, 3회 엄청난 하락 시세를 겪게 되는데, 바로 그 시점에 사는 것이 좋다. 폭락했을 때 매수하고, 사태가 안정되어 주가가 크게 반등했을 때 조금씩 매도하며, 주가가 다시 큰 폭으로 떨어졌을 때 사는 것이다. 이런 방식으로 그 회사와 함께 살아간다는 마음으로 투자해야 한다.

그렇다고 장기투자를 위해서 머리 싸매고 공부하거나 너무 어렵게 생각할 필요는 없다. 장기투자자는 주가나 단기 실적, 투자 이론과 투자 기법 등을 모두 무시해도 좋다는 것이 나의 지론이다. 넘쳐나는 투자 이론 중 이것은 분명하다. 이것이야말로 결정판이라는 것이 있다면 누구나 실천하여 큰 부자가 되었을 것이다.

그러나 현실은 그렇지 않다. 유감이지만 완벽한 투자 이론이나 기법은 존재하지 않는다. 물론 단기적으로 효과적인 이론은 있지만 영구적으로 타당성을 갖는 이론은 없다. 시장은 기관 투자자나 개인 투자자, 투기꾼 등 다양한 사람들의 가치관과 이해가 충돌하는 곳이기 때문이다.

그러므로 불경기일 때는 자금을 끌어 모아 주식을 사고 경기가 좋아지면 현금화해 간다. 다시 경기가 나빠지면 그동안 모아온 현금으로 주식을 듬뿍 산다. 이러한 행동 패턴을 되풀이하는 것이 투자에서 성공하는 비법의 전부다. 간단명료하게 접근하여 장기적인 응원 대상 기업을 발굴하는 것이 내 사고방식의 기본이다.

– 사와카미 아쓰토, 《10년 보유할 주식을 찾아라》, 이콘출판

 안정적으로 큰돈 버는 **SIMPLE** 투자법

[02]

Insight Power

통찰력을 키워라

01

더 크게 생각하라

작년에 조카 둘과 함께 국내 최고의 호텔에서 식사를 한 적이 있다. 한 명은 남자 조카인데 이제 막 대기업에 입사를 한 상태였고 다른 한 명은 한 달 후에 결혼할 여자 조카였다. 필자는 우선 국내 최고의 호텔에서 만나자고 한 이유가 아무리 돈이 없어도 가끔씩은 이렇게 시설이 좋은 최고급 장소를 이용해 볼 줄도 알아야 하기 때문이라고 말했다. 그리고 최고의 시설과 최고의 서비스를 접하면서 자연스럽게 자기 수준도 높아질 거라고 했다.

사실 이 말은 웅진그룹의 윤석금 회장이 한 말이다. 지난 20여 년 동안 우리나라에서 스스로 기업을 창업하여 대기업에 오른 사람이 두 명 있다. 그중 한 명이 미래에셋 박현주 회장이고 다른 한 사람이 바로 웅진그룹 윤석금 회장이다.

윤석금 회장이 창업한 웅진코웨이는 불황에 강한 웰빙 가전 기업이다. 그리고 그 기업의 주력 제품인 정수기, 공기청정기, 비데 등이 국내 동종 업계에서 시장 점유율 1위를 기록하고 있다.

게다가 불황 속에서도 건강과 환경, 삶의 질을 추구하는 웅진코웨이의 웰빙 트렌드 제품은 그 수요가 꾸준히 늘고 있다. 웅진코웨이는 수익 모델에 있어서도 현금 회수 기간이 짧고 매출액의 85% 이상이 가입자 기반의 렌탈 사업이기 때문에 현금 흐름 및 이익에 대한 예측 가능성이 높은 알짜배기 회사다.

그런데 그 기업의 최고 경영자인 윤석금 회장은 국내외 출장을 가면 그 지역에서 최고의 호텔에 투숙한다고 한다. 품위 유지를 위한 것이 아니라, 최고의 호텔에서 최고의 시설과 최고의 예술품과 최고의 서비스를 받아 보고 스스로 최고가 되면 자연스럽게 웅진그룹이 최고가 될 것이라고 생각하기 때문이란다. '기업의 경영자인 자기가 최고가 안 되면 어떻게 회사가 최고가 될 수 있겠는가?' 라는 생각을 하면서 몸소 실천하고 있는 것이다. 그래서 그는 최고의 실력을 갖추기 위해 일주일에 한 번씩 외부 강의를 듣는다고 한다.

이에 관련한 기사를 읽고 필자도 윤석금 회장 같은 생각을 항상 하려고 한다. 예를 들면 '최고의 남편, 최고의 아빠가 되려면 어떻게 해야 할 것인가?' 혹은 '주위 친구, 친지, 동료들에게 최고의 사람으로 인정받기 위해서는 어떻게 할 것인가?' 와 같은 생각을 항상 하는 것이다.

마찬가지로 주식투자를 하는 데 있어서도 필자는 최고의 주식인 대표주와 일등주가 좋다고 생각한다. 주식투자를 단순히 주식을 사고팔아서 매매 차익을 올리는 수단이라고 생각해서는 안 된다. 주식투자는 그 회사의 주주로서 회사 경영에 참여하고 있다는 동업자 마인드로 해야 한다. 동업을 생각한다면 당연히, 아주 당연히 그 업종의 일등 회사와 해야 하지 않겠는가?

그 다음에 필자는 두 조카에게 그릇을 크게 키우라고 말했다. 그릇을 크게 키우려면 포부와 야망이 커야 한다. 그러기 위해서는 주위에 그런 사람이 많아야 한다. 그러나 실제로 그런 사람을 만나기란 쉽지 않다. 그래서 필자는 책에서 그런 사람을 많이 만날 수 있다고 이야기했다. 그리고 얼마 지나지 않아 책을 읽다가 상상을 초월하는 사람을 만났다. 간단히 소개하겠다.

노마에게 전화를 걸어 러닝 아넥스에서 트럼프가 한 시간만 강의해 주면 강의료로 100만 달러를 지불하겠다는 제안을 했다. 당시 러닝 아넥스의 연간 매출액은 550만 달러를 넘지 못하고 있었다. 생각해보라. 매출 550만 달러의 회사가 한 명의 강사에게 100만 달러를 지급한다는 것은 회사의 운명이 결정될 수도 있는 매우 위험한 시도였다.

당시 우리는 한 번의 강의에 많아야 수백 명 정도의 수강자를 받고 있을 뿐이었다. 수강자로부터 받는 수강료로 트럼프의 강의료를 충당한다는 것은 불가능한 일이었다. 나의 제안에 노마는 이렇게 대답했다.

"그 정도면 트럼프 씨도 관심을 보일 것 같습니다. 트럼프 씨에게 말씀을 드리도록 하겠습니다."

며칠이 지나 트럼프에게서 전화가 왔다.

"제게 멋진 제안을 하셨더군요. 그런데 궁금한 게 있어요. 제가 강의를 하면 사람들이 몇 명이나 모이게 됩니까?"

그때까지 러닝 아넥스의 강의 가운데 규모가 큰 경우일지라도 500명에서 700명 정도의 수강자들이 모였을 뿐이었다.

"1,000명을 모을 자신이 있습니다" 하고 큰소리로 말했다. 사실 나는 1,000명도 쉽지 않을 거라고 생각했다. 하지만 내 말을 들은 트럼프는 이렇게 말했다

"10,000명을 모아 주겠다고 약속한다면 강의를 하겠습니다."

10,000명이라고! 10,000명을 모아 놓고 강의를 한다는 생각은 꿈에도 해 본 적이 없었다. 하지만 무모하게도 나는 이렇게 대답했다

"네, 10,000명을 모으겠습니다. 문제없습니다."

트럼프에게 "좋습니다!"라는 말 한마디로 인해 나는 그전과는 다른 차원의 삶, 한 번도 살아 본 적이 없는 삶으로 나 자신을 밀어 넣은 셈이 되었다. 그날 이후 나는 생각의 크기가 달라지기 시작했다. 무엇보다 10,000명을 모아 트럼프의 강의를 듣게 만들어야 했다.

그런데 무슨 일이 일어났는지 아는가? 마치 모든 사람이 트럼프의 강의를 듣고 싶어 하는 것 같았다. 트럼프가 강의를 한다는 소식에 사람들은 폭발적인 반응을 보였다. 자그마치 31,500여 명이나 되는 사람이 트럼프의 강의를 들었다. 트럼프의 사무실로 처음 전화를 했을 때만 해도 전혀 예상치 못했던 놀라운 결과였다. 이 일로 인해 나는 크게 생각하면 큰일을 이루어 낼 수 있다는 사실을 직접 확인할 수 있었다.

－ 도널드 트럼프 · 빌 쟁커, 《도널드 트럼프 억만장자 마인드》, 청림출판

이 이야기는 미국의 유명한 교육 회사 러닝 아넥스 사장인 빌 쟁커가 미국의 부동산 재벌인 도널드 트럼프를 강사로 처음 초빙할 때의 이야기이다. 빌 쟁커는 교육 회사 러닝 아넥스의 설립자로 세계 유명인의 강의를 개최하고 있다.

위 이야기처럼 이 세상에서 성공한 사람이 있다면 그 사람이 성공한 방식을 적용하라. 그러면 주식투자에서도 성공할

수 있다. 물론 무조건 따르는 방식이 아니라 자신에게 맞는 옷을 고르는 것처럼 체득해야 하는 것은 당연하다. 우리는 돈을 벌기 위해서 주식투자를 한다. 생각을 크게 하고 포부를 크게 하자. 차트를 보고 눈앞에 어른거리는 조그만 이익에 현혹되지 말자.

워렌 버핏은 주식투자로 세계 제일의 부자가 된 사람이다. 물론 그가 처음부터 주식투자로 세계 제일의 부자가 될 목표를 세우지는 않았을 것이다. 하지만 그는 실제로 그렇게 된 사람이다. 만약 그 사람이 어떻게 주식투자를 해서 그렇게 큰 부자가 되었는지를 집중적으로 연구해서 실천에 옮긴다면 우리도 자기가 생각하는 것 이상으로 큰 부자가 될 수 있을 것이다. 주식시장을 바라볼 때는 크게 그리고 길게 보고 투자해야 한다.

생각을 크게 하면 큰일을 이루어 낼 수 있다는 사실을 주식투자를 하면서도 명심하라. 하루하루의 주가 변화에 신경 쓰지 마라. 조그만 수익에 만족해서 이익을 실현하지 마라. 인생은 길고 주식시장은 계속해서 열린다. 동업자 마인드를 가지고서 CEO 마인드로 사업하듯 오랫동안 하다 보면 언젠가는 주식 계좌에 커다란 열매가 주렁주렁 열릴 것이다.

우리는 바둑에서 인생의 지혜를 얻곤 한다. 바둑돌 하나를 놓을 때를 생각해 보라. 그때 그 돌 하나의 가치는 사실 아무

것도 아니다. 돌 하나의 가치는 그 판의 흐름 속에서 비로소 빛난다. 주식투자도 마찬가지다. 개별 주식 하나하나, 혹은 그 수익 하나하나에 매몰되기보다는 판 전체의 흐름에서 주식의 가치가 빛나게 마련이다.

02

통합적 사고방식을
가져라

대부분의 개인 투자자는 종목을 선택할 때 어려움을 겪게 마련이다. 그에 반해 외국인과 기관들은 투자 그 자체가 직업이기 때문에 온종일을 할애할 뿐 아니라 애널리스트들의 고급 리포트를 상시로 접한다. 더구나 기업을 직접 방문해서 조사할 수도 있어 종목 선택을 비교적 쉽게 할 수 있다는 이점을 가지고 있다.

그러나 개인들은 생업을 가지고 있어 시간을 많이 낼 수도 없을 뿐 아니라 기업을 방문해서 정확한 정보를 얻기도 쉽지 않으며 애널리스트들의 고급 리포트도 접하기 어렵다. 그래서 여기저기 기웃거리면서 누군가 좋은 종목을 귀띔해 주기를 바란다. 바로 이러한 현상을 '정보 비대칭' 이라고 한다.

그러나 그 생각을 한 번만 더 해 보면 이런 정보의 비대칭

현상보다는 수없이 많고 다양한 정보와 자료를 어떻게 해석
할지 몰라서 생기는 경우가 더 많은 게 현실이다. 물론 여전
히 정보의 비대칭은 존재하지만, 인터넷의 발달로 그것은 어
느 정도 해소된 듯하다. 오히려 정보와 자료가 너무 많아서
판단에 더욱 어려움을 겪는 듯하다.

예를 들면, 코스피 지수가 1,800대 후반에서 한쪽에서는
단기적인 저항대에 해당하므로 당분간 상승이 어려워 조정
구간이라는 주장을 펴는 쪽이 있는가 하면 여러 가지 어려움
이 있지만 조만간에 1,800대를 돌파할 것이라는 상반된 주장
이 펼쳐질 때가 그렇다. 투자자들은 그 사이에서 선택과 판
단의 어려움을 겪는다. 더구나 지난 2, 3개월 동안 IT와 자
동차 주식이 많이 상승했는데 이제는 중국 관련주가 다시 상
승하는 장세가 될 것이라는 이야기까지 들리면 도대체 어떤
선택을 해야 할지 혼란스럽다.

이렇게 되면 주식투자에 관한 정보와 자료가 상당 부분 공
개되어 있는 현실에서는 결국 투자자가 그 정보를 해석하고
판단하고 결단하는 실력이 있느냐가 문제가 된다. 이때 판단
의 기준이 되는 것은 투자자의 철학과 성향 그리고 판단력과
투자 패턴이 된다. 이제는 정보가 없어서 옳은 판단을 못하
는 시대가 아니다. 만일 자신의 판단력이 의심된다면 아래의
내용을 한 번 참고해보기 바란다.

나에게 지난 15년은 크게 경영 컨설턴트로 일하던 시절과 경영 대학원의 학장으로 재직하던 시기로 나누어진다. 나는 대학원에서 놀랍고 모범적인 성공 신화를 쓴 리더들을 연구하며 그들의 성공에 근간이 된 공통 주제를 밝히기 위해 노력했다.

특히 최근 6년 동안 50명이 넘는 탁월한 리더를 인터뷰하는 데 주력했는데, 간혹 여덟 시간 넘게 인터뷰한 경우도 있었다. 그들의 이야기를 경청하다 보니 한 가지 공통 주제를 알 수 있었다.

그것은 탁월한 혁신의 재능과 장기적인 비즈니스 성공과는 다른 차원의 것이었다. 바로 완전히 상반되는 두 가지 아이디어를 동시에 생각할 수 있는 성향과 능력이었다.

그들은 딜레마 앞에서도 공황 상태에 빠져 허둥대지 않았으며 내키지 않는 마음으로 양자택일하지도 않았다. 대신에 상반되는 아이디어를 뛰어넘는 전혀 새로운 차원의 아이디어를 합해 냈다. 나는 이 과정을 통합적 사고 과정이라고 부른다.

즉, 통합적 사고는 '상반된 두 아이디어 사이의 긴장을 건설적으로 이용하여 하나를 선택하느라 다른 하나를 버리는 양자택일 방식 대신에, 두 아이디어의 요소를 모두 포함하면서도 각 아이디어보다 뛰어나고 새로운 아이디어를 만들어 창의적으로 긴장을 해소하는 능력'을 말한다.

이는 비범한 기업과 그 비즈니스를 이끄는 사람의 특징이다.

 안정적으로 큰돈 버는 **SIMPLE** 투자법

새로 추가되는 데이터가 이미 감당하기 힘들 만큼 복잡한 상황
을 더욱 복잡하게 만들어 버리는 오늘날에 통합적 사고는 우리
를 둘러싼 다중적 관계를 넘어 새로운 길을 찾기 위한 필수적
능력일지 모른다.

– 로저 마틴, 《생각이 차이를 만든다》, 지식노마드

그동안 많은 투자자들은 상반된 내용이 주어졌을 때 그중
하나를 선택하고 다른 하나는 버렸다. 선택이 있을 뿐 두 가
지를 모두 끌어안아 새로운 결과를 이끌어내는 마인드는 거
의 없었다. 이런 양자택일의 사고방식을 이제는 통합적 사고
방식으로 바꿔야 한다. 주식투자를 할 때 투자자들은 선택을
강요받는다. 그래서 그동안 투자하던 IT나 자동차에서 이익
을 얻은 후 그것을 팔아치운다. 그리고 그동안 투자하지 못
했던 중국 관련 주식을 매수한다.

물론 증권 관련 방송이나 일부 신문에서도 이렇게 선택하
도록 보도하거나 기사를 게재한다. 이것은 기존에 항상 해
온 것처럼 하나를 버리고 하나를 취하는 양자택일적 사고방
식의 결과이다. 그렇게 하면 결국은 테마에 따라 투자처를
이리저리 옮겨 다니는 불나방이 될 수밖에 없다. 그러나 그
처참한 말로를 경험한 사람들은 안다. 그들이 제공하는 정보
란 항상 개인 투자자들에게 심각한 정보 오류를 범하고 있다

는 것을, 판단력의 혼란을 가져온다는 것을 말이다.

그렇다면 이럴 때는 어떻게 해야 할까? 포트폴리오를 구성해야 한다. 아무리 똑똑한 사람의 판단이라도 주식시장에서는 틀릴 수 있다. 따라서 그 위험을 줄이는 것이 필요하다. 가령, 다섯 개의 포트폴리오에 IT, 자동차, 중국 관련주를 일정하게 보유하고 있다가, IT나 자동차가 잘 나갈 때는 그 비중을 약간 올리고 중국 관련주로 옮겨 가기 시작하면 중국 관련주의 비중을 조금 늘리는 것이다. 결국 종목은 그대로 두고 시장 상황에 따라 포트폴리오 내에서 비중을 조절해 가는 것이다.

이렇게 다섯 개 정도의 종목을 선정했으면 특별한 일이 없는 한 종목을 버리는 일은 없어야 한다. 그 대신 3~5개월에 한 번씩 비중을 조절해 나가면 시장 상황에 순응하는 투자자가 될 수 있다. 이것이 바로 주식시장에 적용할 수 있는 통합적 사고방식의 하나가 된다. 그리고 이것이야말로 시장을 이기려는 투자자가 아니라 시장의 파고와 흐름에 유동적으로 대응하는 현명한 투자자가 되는 길이다.

투자의 고수들은 대개 신문을 볼 때도 증권 기사보다 산업 기사를 더 많이 보고 책을 읽을 때도 주식 책보다는 역사나 철학 책을 더 많이 읽는다. 왜 그럴까? 통합적 사고방식을 키우기 위해서다. 산속에 있으면 나무 하나 하나는 잘 보이지만 산 전체가 안 보이기 때문이다.

그러나 이런 시각도 주식에 관한 기초가 튼튼하게 갖추어지고 난 다음의 일이다. 기초 공부도 하지 않은 사람이 산 전체를 보겠다고 먼 데서 지켜보기만 해서는 소중히 가져온 나무들이 홍수에 떠내려가도 모를 것이다.

03

상상력을
극대화하라

최근 필자는 '인터넷이 없던 시절에는 주식투자를 어떻게 했을까?' 하는 생각을 가끔씩 한다. 요즘은 대부분의 사람들이 증권사 객장에 가지 않고 사무실이나 집에서 직접 HTS를 통해 주식투자를 한다. 게다가 HTS와 인터넷에 주식투자에 관한 수많은 정보와 자료가 있으니 증권사 영업 사원의 도움 없이도 직접 투자를 할 수 있다.

이처럼 실시간으로 움직이는 인터넷 지표를 보면서 투자를 하다 보니 차트를 보고 하는 단기투자가 더 성행하는 것 같기도 하다. 물론 인터넷이 없던 시절에도 주가가 심리의 영향을 많이 받았다. 그러나 이제는 전 세계의 주가가 실시간으로 중계되고 있어서 심리의 영향을 더 많이 받는 것 같다. 주식은 분명 심리 게임이다. 흔들리는 심리를 극복해야 주식시장에서 승자가 될 수 있다.

그러다 보니 이제 책과 신문을 잘 보지 않는다. 인터넷에서 많은 정보와 자료를 접할 수 있으니 "인터넷에 다 있는데 굳이 돈 들여서 그런 것을 왜 사 보냐?"는 식이다. 그러나 주식투자를 할 때 책과 신문은 꼭 필요하다. 주식투자는 과학과 예술의 조합이기 때문이다. 주식투자는 과학의 영역인 수많은 정보와 자료를 통해, 마지막에는 예술의 영역인 상상력의 단계를 거쳐 판단으로 이어진다.

이런 생각을 피터 린치도 갖고 있었다. 피터 린치의 책을 통해 그의 생각을 한번 따라가 보자.

종목 선정은 예술인 동시에 과학이다. 하지만 예술과 과학 어느 한 쪽으로 너무 치우치면 위험해진다. 머리를 대차대조표 더미 속에 처박고 계산에만 몰두하는 사람은 주식투자로 절대 성공하지 못한다. 대차대조표에서 기업의 미래를 알 수 있다면 수학자들과 회계사들이 이 세상에서 가장 부유한 사람이 되어야 할 것이다.

계산에 대한 잘못된 믿음이 얼마나 해로운지는 고대 그리스 철학자 탈레스가 이미 오래전에 증명했다. 그는 밤하늘의 별을 세면서 계속 걷다가 구덩이에 빠지지 않았던가? 예술만으로 종목을 선정하는 것 역시 무의미하기는 마찬가지이다. 예술로서의 종목 선정이란 예술적인 유형의 사람들이 강점을 보이는 직관과 열정의 영역, 우뇌적 기질을 발휘하는 것을 말한다.

예술적인 측면에서 오르는 종목을 발견하는 것은 요령을 알고 직감을 따르는 문제가 된다. 요령을 아는 사람은 돈을 벌고 요령을 모르는 사람은 언제나 돈을 잃는다. 여기서 종목에 대한 연구는 무익하다.

이러한 관점을 지닌 사람들은 종목 분석을 무시하고 주식시장에서 일종의 놀이를 하려고 한다. 하지만 안타깝게도 그 결과는 많은 손실을 가져오며 이는 결국 그들이 요령이 없었다는 것을 증명할 뿐이다. 이런 사람들이 주식투자로 손해를 봤을 때 가장 많이 하는 변명은 "주식은 여자와 같아서 결코 이해할 수 없다"는 것이다. 이는 여성에게도 주식에게도 부당한 표현이다.

나는 주식에 투자할 종목을 고를 때 20년간 변함 없이 예술과 과학 그리고 기업 탐방 요소를 모두 결합시킨다.

– 피터 린치 · 존 로스차일드, 《피터 린치의 이기는 투자》, 흐름출판

결국 사실인 과학을 기초로 해서 상상력인 예술적 감각으로 최종 판단을 하려면 사고의 과정이 꼭 필요한데, 인터넷에서는 이 과정을 거칠 수 없다는 단점이 있다. 혹은 사고를 하더라도 대단히 단편적이거나 정보를 그대로 받아들이는 수준일 뿐이다. 따라서 주식투자자들은 인터넷을 참고서로

삼고 책과 경제 신문을 교과서로 삼아야 한다.

필자의 글은 단순히 정보를 나열한 것이 결코 아니다. 이곳저곳 인터넷에 떠돌아다니는 수많은 그럴 듯한 사실을 나열한 것도 아니다. 단순한 사실의 모음인 정보들을 나열하는 것은 투자에 전혀 의미가 없다. 정보 나열은 단순히 아는 것에 그칠 뿐이다. 매사에 핵심은 실천, 즉 투자를 위한 것이어야 한다.

필자는 책과 신문, 특히 경제 신문에서 투자 아이디어를 많이 얻는다. 결국 중요한 투자 정보는 책과 신문이 알려 준다. 특히 신문을 보면 투자의 맥이 보인다. 경제 신문을 꼼꼼히 읽으면 시장의 흐름을 알 수 있다. 가령, 다음과 같은 신문 기사는 종목 선정에 아주 중요한 정보를 제공한다.

"경기 침체도 여성들의 얼굴 가꾸기는 막을 수 없다"

화장품이 잘 팔리고 있다. 경기 침체에도 불구하고 여성들이 얼굴 가꾸는 데 소비하는 지출은 줄이지 않아서다. 국내 최대 화장품 업체인 '아모레퍼시픽'은 기능성 화장품 판매에 힘입어 5월부터 네 달간 매출이 전년 같은 기간보다 20%가량 늘었다. 화장품 업계 2위인 'LG생활건강'은 고가 브랜드의 약진 속에 지난 네 달간 매출이 전년 동기 대비 29% 늘어났다.

성유진 LG생활건강 과장은 "경기가 나빠지면서 여성들이 옷

구매는 줄이고 있지만 피부에 바르는 화장품 소비는 줄이지 않는 것 같다"며 "더군다나 한번 효능을 본 기능성 제품은 아무리 가격이 비싸도 쓰던 것을 계속 쓰는 경향이 있다"고 설명했다.

– 《매일경제》, 2008. 8. 28.

이처럼 책과 경제 신문을 읽고 또 읽고, 생각하고 또 생각하고, 쓰고 또 쓰다 보면 투자의 이치가 보인다. 복잡하고 다양한 자료를 항상 접하면서 연구하고 공부하는 노력도 필요하지만 의사 결정을 할 때는 단순하고 명쾌하게 해야 한다. 단순(Simple)하게 생각하라. 이것이 주식투자에 임하는 기본이다. 복잡한 것을 단순하게, 어려운 것을 쉽게 생각하는 습관을 들여야 한다.

주식투자를 간단하고 쉽게 해야 하는 이유는 워렌 버핏과 존 템플턴의 성공 사례에서 찾을 수 있다. 그들은 그야말로 천재였다. 워렌 버핏은 앉은 자리에서 400쪽 분량의 책을 읽으면서 사진을 찍듯이 모두 기억했다고 한다. 그리고 존 템플턴은 자기 고향에서 유일한 대학생이었으며 예일 대학을 졸업한 후 국비로 옥스포드를 졸업한 수재였다.

그들과 같은 천재도 주식투자의 비법을 한 마디로 정의하고 이를 실천하지 않았던가? 그렇게 해서 세계 최대의 부자가 되었다. 워렌 버핏은 "저평가 우량주를 장기 보유하라"고

했고 존 템플턴은 "쌀 때 사서 비쌀 때 팔아라"라고 간단명료하게 말했다. 그리고 그들은 이 간단한 원칙을 투자하는 내내 지키기 위해 노력했다.

많은 이들이 인터넷에서 실시간으로 변하는 주가의 흐름을 보며 차트를 분석해 투자하는 것이 주식투자의 전부라고 말하는 것을 보게 된다. 필자도 처음에는 차트 분석에 관한 책을 많이 봤다. 그러나 차트 분석에 관한 책은 너무 어려운 데다 이런 경우는 이렇게 하고, 저런 경우는 또 저렇게 해야 한다고 수많은 경우의 수를 제시하고 있었다. 도대체 그 많은 경우의 수를 어떻게 다 외운단 말인가? 더구나 여기에 인간의 심리가 끼어들어서 판단을 흐리게 하는데 이러한 차트가 정말 맞다면 누가 투자를 하지 않겠는가.

주식투자에 특별한 비법은 없다. 우리가 다 아는 상식이 최고의 비법이다. 그 상식을 통하여 자신만의 논리적 상상력을 극대화하라. 물론 그것은 현재의 상상력이 아니라 미래의 상상력을 말한다. 앞에서도 말했듯 과학과 미래의 상상력이 합쳐질 때 기업도 성공하지만, 투자도 성공한다.

정보가 아닌
지식으로 투자하라

아주 오래전 이야기다. 필자는 신입 사원 시절에 교육 부서 담당자였기 때문에 교육 프로그램을 만들고 강사를 섭외하고 연수원에 가서 교육을 진행하곤 했었다. 그때 수많은 강사를 초빙해서 강의를 들었으나 지금까지 기억에 남는 사람이 윤은기 박사다. 그 당시 30대 후반이었던 그분은 두 시간 동안 '정보화 시대의 경영 전략'을 주제로 열강을 했었다. 당시에는 정보라는 단어가 지금처럼 누구나 접하는 보편적인 개념이 아니라, 중앙정보부 같은 데서나 쓰는 은밀하고 비밀스런 개념이었다.

그런데 그는 앞으로 일반적이고 보편적인 정보의 시대가 온다고 주장했다. 그러면서 기업의 구성원은 모두 정보 마인드로 무장해야 한다고 했다. 그때는 회사에 컴퓨터가 막 보급되던 시절이었고 인터넷은 없던 시절이었다. 그 시절에 그렇게 앞선 주장을 하던 그는 결국 사회의 저명인사가 되었다. 앞서 가는 사람은 역시 다르다는 생각이 든다.

세월이 흘러 인터넷이 보급된 이후 그의 말처럼 정보가 모든 사람에게 공개되는 시대가 되었다. 더구나 대부분의 정보는 무료이다. 이제는 정말 거의 모든 정보가 공개되고 있다. 정보가 너무 많은 정보 홍수 시대에 살다 보니 이제는 그 많은 정보와 자료를 어떻게 감당해야 하는지 혼란스러울 지경이다.

그런 면에서 보자면 이제는 '정보의 시대'를 넘어 '지식의 시대'가 되었다. 사실 정보는 있는 사실의 나열일 뿐이지만 지식은 그런 정보를 바탕으로 해서 새로운 창조의 길로 안내를 한다. 그러나 사람들은 기존에 자기가 가지고 있던 생각에 단편적인 정보를 추가해서 판단하는 경향이 있다. 마치 기업이 기존 사업만 하면서 원가 절감을 한다든가, 지금의 생산 라인으로 개발하기 쉬운 신제품만 생산하는 경우와 비슷하다.

그러나 이제는 모든 정보가 전 세계적으로 공개되어 있는 시대다. 기업들이 기존 사업만 가지고 성장·발전할 수 없듯이 투자자들도 기존의 고정관념에 약간의 단편적인 정보만을 추가해서는 경쟁에서 승리할 수 없다. 기업이 성장·발전

의 수단으로 M&A를 하듯이 투자자들도 '지식의 M&A'에
적극 나서야 한다. 그렇다면 기업이 M&A를 통해서 어떤 이
익을 얻는지 한번 알아보자.

시장 경쟁이 심화되고 기술 개발 속도가 빨라지면서 기업 단
독으로 경쟁력을 유지하는 것이 어려워지자, 기업들은 M&A를
통해 외부 지식을 활용하기 시작했다. 외부 지식을 내부 지식과
합쳐 이른바 지식 대통합을 통해 시너지 효과를 얻으려는 전략
이다. 이러한 지식 대통합이 글로벌 경영 전략의 핵심으로 자리
잡은 가운데 가장 적극적인 외부 지식 활용 수단으로 M&A가
각광받고 있다.

M&A는 해당 분야에 가장 빠른 방법으로 진출할 수 있고 인
수 대상 기업이 구축해 놓은 고객이나 협력 업체 네트워크 등
사회적 자본까지 사 들이는 효과까지 갖게 된다. M&A는 이제
기업의 핵심 역량을 강화하는 수단이 되었다.

기업은 M&A를 통해 크게 세 가지 지식 창조 효과를 누릴 수
있다. 첫째, 새로운 성장 동력에 대한 지식을 찾아낼 수 있다. 단
독으로 새로운 사업을 추진하면 상당한 시간과 자원이 필요하지
만 M&A를 통하면 시간을 단축할 수 있고 또 사업 경험까지 확
보할 수 있어 실패율을 낮출 수 있다. 둘째, 같은 분야 기업을
인수하면 규모의 경제를 달성하면서 생산 효율성을 높일 수 있

다. 셋째, 경쟁 기업을 인수하면 시장 지배력을 높일 수 있다.

- 《중앙일보》, 2008. 5. 27.

이처럼 세계와의 치열한 경쟁에서 이기기 위해 기업들은 새로운 성장 발전의 방법으로 M&A를 적극 활용하고 있다. 그런 기업의 주식을 통해서 부를 늘려 가겠다는 투자자들은 당연히 '지식 M&A'에 나서야 한다. 기존에 자기가 가지고 있는 얄팍한 지식과 정보에만 의지해 투자하지 말고 새로운 지식과 정보를 끊임없이 습득해야 하는 것이다.

주가에 영향을 미치는 요소는 열거할 수 없을 정도로 많다. 그렇게 많은 정보와 자료는 이미 상당 부분 공개되어 있다. 이미 공개되어 있는 정보와 자료를 모르고 있다면 말도 안 될 일이지만 그것을 앞에 두고도 판단을 할 줄 몰라 애를 먹는 사람도 많다.

이제 주식투자는 지식 사업이다. 정보는 단순한 사실의 나열에 지나지 않지만, 지식은 수많은 정보를 가공해서 올바른 판단을 하는 것을 의미한다. 그렇게 본다면 당연히 정보 없는 지식이란 존재할 수 없다. 그렇기 때문에 우리는 제대로 된 판단을 내릴 수 있는 지식을 얻기 위해서 수많은 정보를 습득하는 '정보 M&A'를 소홀히 해서는 안 된다.

사람들은 주식투자에서 정보라고 하면 단지 비공개된 그

리고 소수의 몇몇만이 소유한 정보만을 생각한다. 그러면서 '주가를 올려 줄 정보는 없나?' 하면서 귀를 쫑긋 세우고 이리저리 알아보러 다닌다. 그러나 그것은 정보가 아니다. 그럴 시간이면 이미 공개된 정보를 종합해서 그걸 유추하고 해석하는 데 더 많은 시간과 노력을 기울이는 편이 낫다. 투자를 할 때는 그것이면 충분하다.

공개된 정보 중에서 정말 유용하게 종목 선정을 하는 데 도움을 주는 자료로 각 증권사에서 내놓는 업종 분석 보고서가 있다. 가령 '전선 업체 30년만의 호황'이라는 제목의 보고서에서는 LS와 대한전선의 수출이 급증한 이유를 설명하고 있다. 이 보고서에 의하면 전 세계 전선업체들의 유례없는 호황이 미국과 유럽을 비롯한 주요 선진국 전력 설비 교체 주기가 30년 만에 돌아온 데다 최근 중동 지역과 신흥시장에서 전력선 신규 수요가 크게 늘었기 때문이라고 밝히고 있다.

이 보고서는 세계 전선 시장이 2003년을 저점으로 2005년 이후 장기 호황 사이클에 접어들었다고 말한다. 유럽은 국가 간 전력망 연계 구축 계획을 세워 놓고 2017년까지 56억 유로를 투자할 예정이며, 미국은 2015년까지 전력망 교체에 80억 달러를 투자하기로 했고, 걸프 지역 6개 국가는 통합 전력망 구축을 위해 2010년까지 70억 달러 규모의 투자를 진행하고 있다고 한다.

이처럼 주식투자는 새로운 정보를 읽고 또 읽고, 생각하고 또 생각하고, 투자를 하는 지속적이고도 반복적인 지식 사업이다. 물론 고급 혹은 고가의 보고서나 정보는 통째로 설명해 주는 경우도 있을 것이다. 그러나 이러한 것들은 투자를 지속적으로 하는 데는 큰 도움이 되지 않는다. 지속적으로 투자를 하기 위해서는 정보의 이면에 숨어 있는 행간과 그와 관련한 부품 업체나 연계 산업 부분들을 체크해 보는 것이 중요하다.

정보란 원래 모두가 알게 되면 쓰레기가 된다. 그러나 이러한 정보를 자신만의 지식으로 개발하면 보석이 된다. 피터 드러커는 그의 책에서 지식 사회의 도래에 대해 언급을 했다. 그것은 투자에서도 예외가 될 수 없다. 아니, 오히려 훨씬 중요한 매개체가 된다. 왜냐하면 투자에서 지식, 그것은 '돈을 부르는 도깨비방망이' 이기 때문이다.

쉽게 얻는다면 그것은 단순한 정보에 지나지 않는다. 투자자라면 지식은 힘들게 각고의 노력과 성찰을 통해 얻어진다는 진리를 외면해서는 안 될 일이다.

05

우량기업을 선별하는
안목을 키워라

기본적 분석 중에서 정성 분석이라는 게 있다. 이는 화학적 분석에서 시료가 어떤 성분으로 구성되어 있는지 파악하기 위한 분석법을 말하지만, 주식투자에서는 우량주를 찾는 것을 일컫는다. 투자의 대가들은 주식투자의 가장 중요한 성공 요건으로 좋은 주식을 찾아내서 장기투자하는 것을 이야기한다. 그렇게 본다면 우량주를 찾는 일은 주식투자에서 핵심 중의 핵심인 셈이다.

그런데 차트 매매와 시황 매매를 일삼는 대부분의 개인 투자자들은 우량주를 찾는 일에 별로 관심이 없다. 오로지 당장 오를 주식, 당장 수익을 안겨 줄 주식에 관심이 있을 뿐이다. 신도 모른다는 그 영역에 도전하고 있는 것이다. 참 무모하다는 말밖에 다른 할 말이 없다.

부동산 투자자들의 이야기에 의하면 부동산 투자의 핵심은 입지(Location) 선택이라고 한다. 그렇다면 주식투자의 핵심은 무엇일까? 바로 기업 분석이다. 좋은 지역의 부동산을 사면 자연스레 가격이 오르듯이, 좋은 기업의 주식을 사면 주가는 자연스레 오른다. 미래에셋맵스 자산운용은 미래에셋의 자회사로 부동산 투자만을 하는 자산운용 회사다. 그런데 그 회사는 임대료가 나오는 상가나 빌딩만 사고, 강남과 여의도, 종로에만 관심을 가지고 있다고 한다. 그리고 부동산 투자는 입지가 전부라고 밝힌다.

그러나 부동산의 경우 1%대의 낮은 출산율, 인구증가율 감소, 주택 공급 과잉 현상 때문에 전문가들은 궁극적으로 장기 하락세를 예상하고 있다. 그러나 주가는 고령화에 따른 연금 유입, 펀드 등 간접 투자 시장 활성화 등으로 장기 상승세를 전망하고 있다. 특히 국내의 자산 비중이 부동산에 3/4가량 집중되어 있다는 점을 감안하면, 자산의 포트폴리오 구성 확대로 인한 주식시장의 비중 확대와 활성화는 점차 가속화될 전망이다.

주가가 올라서 투자자를 기쁘게 해 줄 좋은 기업은 어떤 곳인가? 나는 주식투자에는 특별한 비법이 없다고 생각하는 사람이다. 다만 성공한 사람의 방법을 자기만의 방식대로 적용하는 것이다. 말하자면 상식이 최고의 주식투자 방식이라고 생각한다.

　오래 사는 것 이상으로 사람에게 큰 행복은 없다. 다시 말해서 인생 최고의 행복은 장수하는 것이다. 오래 사는 것을 기본 중의 기본으로 하고 몸과 마음이 건강하고 돈이 많아서 생활이 윤택하다면 그야말로 금상첨화이다. 여기에 부부가 백년해로하고 사회적 명예와 자손이 많아서 다복한 것은 행복한 인생의 보너스라고 할 만하다.

　주식투자에 있어서도 마찬가지다. 장수 기업만큼 좋은 기업은 없다. 기업이 장수하기 위해서는 매출액과 영업 이익이 꾸준히 증가해야 하기 때문이다. 그리고 그 오랜 기간 동안 시장에 존재하다 보면 그 분야의 대표주가 되게 마련이다. 게다가 브랜드 파워도 강력해서 실제로 시장에서 제품의 가격에 대한 저항력에 크게 영향을 받지 않는다.

　그러나 이제 지구가 1일 생활권에 접어들면서 전 세계적인 경쟁력을 갖지 못한 기업은 꾸준히 성장·발전할 수가 없게 되었다. 결국 현재 생산하고 있는 제품의 진입 장벽이 확실한 기업이어야만 살아남아서 성장이 가능하게 된 것이다. 그런데 그 진입 장벽이라는 것도 특허 기간의 한계, 생산력의 한계, 기타 사회 변화 등으로 인하여 언젠가는 그 역할을 다할 수밖에 없다. 그래서 기업들은 신제품 개발 및 신규 사업을 꾸준히 추진하는 것이다.

그래서 기업을 분석함에 있어 현재 생산하는 제품뿐 아니라 앞으로 생산될 제품을 위해서 어떠한 투자를 하고 있는지도 알아야 한다. 그래서 신규 투자가 많은 회사의 주가는 초기에 떨어지기도 하지만 결국 오르는 것이다. 더욱이 그 신규 투자가 시대를 앞서가는 제품을 생산하기 위한 것이라면 그 기업의 주가는 다른 기업에 비해 훨씬 더 많이 오르는 것이다. 이름 없던 OCI(구 동양제철화학)가 태양광 발전 원료인 폴리실리콘 생산에 설비 투자를 하자 주가가 대폭등한 것이 이를 방증한다.

여기서 증권 사이트인 팍스넷에서 투자 전략가로 활동 중인 쥬라기(김철상)의 이야기를 한번 경청해 보자.

주식투자로 돈 버는 공부란 어렵고 복잡한 게 아니라 의외로 간단하다.

첫째, 어떤 사업이 오랫동안 돈을 벌게 해 줄 좋은 사업인지 분간하는 법, 둘째, 어떤 경영자가 기업을 성공시킬 유능한 경영자인지 판단하는 법, 셋째, 어떤 기업이 경쟁력이 있으며 앞으로 시장을 주도해 나갈 것인지를 판단하는 법, 이 세 가지 판단 능력만 갖춘다면 주식과 관련한 복잡한 사항을 몰라도 주식투자로 성공하는 데 별다른 지장이 없다.

오늘도 무수한 사람들이 '내일이라도 당장 직장을 그만두게 되면 무엇으로 먹고 살 것인가?'를 걱정하며 살아간다. 더 이상 이런 걱정으로 시간을 허비하지 말고 먼저 1년 정도 계획을 세우고 위의 세 가지 판단 능력을 얻기 위해 공부를 시작하라. 돈 버는 사업과 돈 버는 기업을 알아내는 기술, 이것이야말로 정보가 넘쳐나는 시대에 우리가 알아야 할 최고의 투자 기술이다.

물론 이 세 가지 판단에 적합한 기업을 알아낸 것만으로 돈이 절로 들어오지는 않는다. 찾아낸 기업의 주가가 쌀 때 여윳돈으로 주식을 사야 하고 3년 내지 5년짜리 정기예금을 들어 놓듯 저평가가 해소될 때까지 기다려야 한다. 그렇게만 해도 정기예금보다 훨씬 안전하게 더 높은 수익을 거둘 수 있다.

이렇게 주식투자를 하면 차트와 보조 지표를 몰라도 되고, 날마다 주식 시세판을 들여다보지 않아도 된다. 투자한 기업이 사업으로 돈을 벌 때까지 기다리기만 하면 되는 것이다. 상장 기업들이 사업을 할 때는 보통 2~4년 동안 투자하고 3~6년간 돈을 벌어들이므로 5년에서 10년 정도가 하나의 사이클을 형성한다.

주식투자의 사이클을 이런 사업의 사이클에 맞춰 보라. 설비투자로 인해 주가가 낮아질 때 사업 성공의 증거를 남보다 먼저 포착하여 주식을 사고, 여유를 가지고 기다리다가 기업이 돈을 벌어들이면서 저평가가 해소될 때 파는 투자에 도전해 보자.

– 쥬라기(김철상), 《40년 웃게 만들 쥬라기의 종목 발굴법》, 팍스넷

우량한 기업이란 지속적으로 발전하는 업종에 속해 있으면서 시대를 앞서 가는 신제품 개발에 많은 투자를 하고 매출액과 영업 이익이 지속적으로 늘어나는 기업이다. 이런 기업이 자체적으로는 아무 문제가 없는데 시장 전체가 하락해서 주가가 많이 내렸을 때, 그 기업을 믿고 매수하는 것이 올바른 투자 방법이다.

좋은 기업을 찾는 과정은 A4 용지 한 장에 쓸 수 있으면 충분하다. 개인 투자자들의 장점은 장문의 리포트를 써서 누군가에게 보고할 필요가 없다는 것이다. 따라서 주식투자는 상식에 입각해서 단순(Simple)하게 생각하면 된다.

1. 기업 개요 : 어떤 기업인가? 도대체 무엇을 하는 기업인가?
2. 사업 구성 : 무엇을 만드는 기업인가? 주력 제품은 무엇인가?
3. 매출액 변화 : 핵심 제품은 잘 팔리고 있나? 매출은 지속적으로 늘어나는가?
4. 영업 이익 변화 : 이익은 충분한가? 영업 이익은 지속적으로 늘어나는가?
5. 투자 상황 : 신제품 개발 및 신규 사업을 위해서 무슨 일을 하고 있나?

6. 회사의 경쟁력 : 회사의 경쟁력은 어디에 있나? 그 정도
   의 경쟁력으로 충분한가?

7. 해당 업종의 경쟁력 : 다른 업종에 비해서 어떤 점이 우
   월한가?

06

장기투자를 위한
산업 분석을 하라

장기투자를 위해서는 시대를 앞서 가는 제품과 서비스를 생산하는 회사인지 확인해야 한다. 결국 투자자가 제일 먼저 해야 할 일은 시대의 변화를 정확히 인식하는 일이다. '세상은 어떻게 변하고 있는가? 앞으로 어떻게 변할 것인가?'를 항상 생각해야 한다. 시대를 앞서 가는 선각자가 성공하듯이 시대를 앞서 가는 제품을 생산하는 회사가 발전할 것이고, 그 회사의 주가는 지속적으로 상승할 것이기 때문이다.

지금 전 세계의 모든 기업이 신성장 동력을 찾는 데 혈안이 되어 있다. 시대의 변화에 뒤쳐지면 그 기업은 도태하기 때문이다. 그렇게 봤을 때 이 문제에 대해서 아래 기사가 시사하는 바는 크다 하겠다.

미래의 신성장 동력 산업 코드는 어떻게 찾아야 할까? 조용수 LG경제 연구원 미래 전략 그룹장은 "사회와 라이프 스타일 변화를 먼저 읽고 그에 맞는 기술과 서비스를 개발해야 한다"고 말했다.

선진 기업들은 벌써부터 이 같은 신 성장 동력 산업 코드를 감지하고 경쟁적으로 사업화에 나서고 있다. 주로 삶의 질과 안전, 재미와 편의, 경험과 감성에 호소하는 상품 쪽이다. 특정 사업에서는 천문학적인 자금을 쏟아 부어 후발 주자의 의지를 꺾는 진입 장벽까지 쌓고 있다.

일본 기업들은 고령화와 환경, 대체에너지 등에 관심이 많다. 고령화 부문에서는 항암 치료나 인공 생체 기관, 가사 로봇, 시니어 인터넷, 재택 치료 등에 투자를 많이 한다. 환경 부문으로는 바이오 플라스틱, 도시 리사이클 등에 주목한다. 또 샤프처럼 태양 전지에 관심을 보이는 곳도 많다. 도요타는 하이브리드 차에 주력해 현재 보유하고 있는 차종(7개)을 2010년까지 두 배로 늘린다는 전략이다.

미국에선 물이나 정보 기술을 활용한 헬스 케어 등에 투자하는 기업이 많다. 정수, 정화 같은 물 사업에 역점을 두는 업체로는 GE가 대표적이다. GE는 2010년까지 이 분야 투자를 현재의 두 배 수준인 15억 달러로 늘릴 계획이다. 인텔은 IT를 활용한 헬스 케어 시스템 시장 선점에 공을 들이고 있다. 또 이베이는

인터넷 무료 전화에 승부수를 던지고 관련 서비스 1위 업체인
스카이프를 인수했다.

– 《중앙일보》, 2008. 7. 23.

그렇다면 우리는 어떠한 산업에 투자해야 할 것인가? 이는 단지 어떤 종목을 사야 하는지 말하는 것이 아니다. 미래의 유망한 산업군 그리고 미래 산업의 방향과 관련된 하나의 트렌드라고 보아야 할 것이다. 그러나 국내의 흐름만 분석해서는 그 답을 찾을 수 없다. 오히려 선진국들의 산업 변화에 대한 추이를 국내 산업에 클로즈업해 볼 때 그 해답을 찾을 수 있다.

물, 원자력 같은 환경 관련 산업

물이 곧 제2의 석유가 된다고 주장하는 사람이 있다. 석유 시추와 거래로 떼돈을 번 투자자 분 피킨스는 최근 화석 연료 시대는 끝나고 물의 시대가 올 것이라고 말했다. 인류 생존에 없어서는 안 될 물이 곧 석유와 금 등 원자재처럼 수급에 의해 가격이 정해지고 거래될 것이라는 이야기이다.

경제협력개발기구(OECD)도 세계 인구 중 47%가 2030년 심각한 물 부족 사태에 직면할 것이라고 지적한 바 있다. 물이 머지않아 원자재처럼 거래될 것이라는 전망은 빠듯한 수

급난이 증명한다. 굳이 그 수치를 들먹이지 않아도 기후 변화로 가뭄 지역이 확대되고 인구 증가로 물 수요가 늘어나면 물이 부족해질 것이라는 예상은 의심의 여지가 없다.

다국적 기업 역시 물 확보에 총력을 기울이고 있다. 식품 회사 네슬레와 석유 회사 로열더치셸은 미국에서 물 권리를 사들이고 있다. 소비자 입장에서 최악의 시나리오로는 물 공급이 민영화되는 것이다. 정부가 물을 관리하는 일이 재정적으로 어려워지고 충분한 물을 확보하지 못할 경우, 물은 민간 기업의 손으로 넘어갈 수 있다.

이 경우 물도 원유처럼 비싸게 팔리는 상황을 배제할 수 없다. 이미 전 세계 물 시장은 4,000억 달러를 넘어서고 있으며 빠른 속도로 성장하고 있다. 물이 만성적으로 부족한 중동에서는 바닷물을 식수로 바꾸는 담수화 사업이 활발한데, 이 분야에서 두산중공업은 세계 1위 업체로서 강력한 경쟁력을 확보하고 있다.

게다가 두산중공업은 2008년 상반기까지 미국에서 발주한 원자력발전소 발전 설비를 모두 수주했다. 미국 웨스팅하우스 사가 발주한 7,000억 원을 모두 수주한 것인데 2014년까지 공급할 예정이다. 미국이나 유럽 상당수 국가에서 지난 40여 년 동안 기피 시설이라는 이유로 원자력 발전소를 건설하지 않았는데 그러다 보니 많은 원전 설비 제작 업체들이 시장에서 사라졌다. 그렇기 때문에 지금까지 살아남은 두산 중공업 같은 회사가 국제 경쟁력을 갖춘 것이다. 원자력 발전 분야에서 두산중공업은 세계 4위권에 머물고 있다.

우리나라도 고유가와 온실 가스 감축 등에 대응하기 위해 원자력 발전 비중을 확대할 계획이다. 정부는 1,400MW급 원전 10기 내외를 추가 건설할 예정이다. 이에 따라 2030년에는 전체 발전 설비 중 원전 비중이 41%까지 높아질 전망이다.

2차 전지와 LED산업

미래에는 전기차와 전기차 배터리가 반도체, LCD 보다 큰 시장이 될 것이다. 2020년이 되면 자동차 시장의 10~15%가 전기차로 대체될 것이다. JP모건 등 시장 조사 기관에 따르면 전기차 시장은 2020년 연간 1,128만대 규모로 커지고 전기차용 리튬 이온 배터리 시장도 연간 1,015억 달러 규모로 확대될 전망이다.

현재 2차 전지의 주요 용도가 IT 제품에 한정되어 있어 아직까지 한ㆍ중ㆍ일 3국이 세계시장을 주도하고 있지만, 자동차 등으로 그 사용처가 급속히 확대되면서 각국 정부가 전지 사업 육성에 적극 나서고 있다. 미국은 2015년까지 하이브리드 차량 100만대를 보급하겠다는 목표로 전지 개발에

24억 달러를 지원하기로 했으며, 일본은 2020년까지 전기차 주행거리를 지금의 세 배로 늘리는 것을 목표로 앞으로 7년 간 모두 210억 엔을 지원한다는 방침이다.

2차 전지 산업은 2010년 7억 달러, 2015년 150억 달러의 시장으로 커지며 향후 성장 산업으로 자리매김할 것이다. 여기서 급성장이 기대되는 것은 하이브리드 차량용 2차 전지다. 휴대폰에는 2차 전지 셀이 한 개, 노트북에는 4~6개의 셀이 들어가지만 자동차용은 100개 정도의 셀이 필요하기 때문이다. 게다가 자동차용은 이제 시작 단계다.

하이브리트 차량용 2차 전지 시장 확대의 수혜를 입을 것으로 기대되는 회사는 셀을 만드는 LG화학과 삼성 SDI다. 업계에서는 올해를 기점으로 자동차용 2차 전지 배터리 시장이 연평균 50%가량 성장할 것으로 예상하고 있다.

특히 LG화학은 범용석유화학과 정보전자, 건자재 등 사업 포트폴리오가 양호하게 구축되어 있는 석유화학 기업이다. LG석유화학과의 합병 효과에다 2차 전지의 성장성이 가미된 회사로, BIPY(건물일체형 태양광 발전) 시스템 사업에 진출하고 있는데, 이는 창호나 벽면 발코니 등 건물 외관에 태양광 발전 모듈을 장착해 자체적으로 전기를 생산해 건축물에서 바로 활용할 수 있도록 구성한 건축 외장 시스템이다.

게다가 LG화학은 최근 미국의 자회사인 CPI를 통해서

GM에 2차 전지를 납품하기로 했다. 석유화학 시황이 급변하고 있는 가운데 2차 전지와 LCD 패널 등의 부문에서 두각을 나타내고 있으며, 다른 석유화학 업체에 비해 탄탄한 수익구조까지 가지고 있는 기업이다.

그에 반해 삼성 SDI는 브라운관 중심에서 디스플레이 부문의 토탈 공급업체로 전환한 기업이다. 2007년 기준 세계 2차 전지 시장점유율에 있어 산요(27%), 소니(16%)에 이어 3위를 차지하고 있다. 참고로 4, 5위인 LG화학과 마쓰시다는 각각 9%대다. 이 기업은 2013년 하이브리트 차량용 2차 전지 매출이 1조 원에 달해, 노트북과 핸드폰용 2차 전지 시장에 육박할 전망이다.

특히 삼성 SDI의 전지 사업은 삼성그룹의 녹색성장을 이끄는 전위부대다. 그린 비즈니스에 앞다퉈 뛰어들면서 신재생 에너지 사업의 필수품인 전지 수요가 급증하고 있고 자동차 부품업체인 독일의 보쉬와 자동차용 2차 전지 합작법인인 SB리모티브까지 설립함으로써 전기만으로 달리는 2차 전지 개발의 선두업체다. 기존의 PC와 휴대폰용 2차 전지의 점유율을 높이기 위해 천안에 공장을 추가 건설 중이며, 이 공장이 완공되면 2차 전지 생산량이 업계 1위인 산요의 7,000만대를 추월할 전망이다.

LED시장은 2000년대 초반 휴대폰, 2009년 노트북 PC와

LED TV를 거쳐 조명시장까지 확대될 전망이다. 2008년에는 52억 달러 규모의 시장이었으나 성장 속도가 가팔라 2015년에는 240억 달러로 D램 시장을 넘어설 것으로 예상된다. 특히 각국들이 2015년 이전에 백열전구를 퇴출하겠다고 발표하면서 향후 조명시장의 패권을 장악할 것으로 기대를 모으고 있다.

LED는 크게 세 개의 분야로 나뉜다. 웨이퍼나 칩과 같은 소재 분야와 이 소재를 LED로 만드는 패키징 분야, 그리고 조명을 비롯한 응용분야가 그것이다. 현재 국내 LED 업체들은 대부분 패키징 분야에 포진해 있어서 소재 분야의 기술개발이 절실한 실정이다. 일본이 전 세계 소재 분야 중 절반 정도, 대만이 30% 정도를 차지하고 있어 국내업체의 존재는 미미하다. LED는 웨이퍼, 칩, 패키징으로 이뤄지는 생산 공정 중 상위 공정일수록 진입장벽이 높으며, 수익성도 높다.

삼성전기는 삼성전자와 각각 50%씩 출자해서 삼성 LED를 출범했다. 이 기업의 실질적인 운영은 삼성전기가 한다. LED 전구가 만들어지려면 웨이퍼-칩-패키징-모듈 단계를 거쳐야 하는데 삼성전기와 LG이노텍은 소자 생산부터 모듈 생산까지 전 과정 생산이 가능한 업체다. 삼성전기는 LED 분야의 1위 업체이며, 이 분야의 특허 등 많은 장점을 가지고 있다. LED매출 비중은 10% 정도이며, 특히 칩 생산 부문은 높은 진입 장벽으로 경쟁력을 확보하고 있다.

LG이노텍은 LCD, 카메라 모듈, 튜너, 파워 등을 제조하는 업체다. 이 기업은 전자세트 업종과 노키아 등의 안정적인 거래처를 확보하고 있으며 모바일 부품과 디스플레이 부품, 카메라 모듈, LED 모듈 부품 등을 생산하고 있다. LED는 친환경 저전력의 특성을 키워드로 시장확대가 지속될 것으로 전망되므로 수출 비중이 높은 국내 전자부품업체인 삼성전기와 LG이노텍은 일본 기업에 비해 유리한 환경에 있다고 하겠다.

이처럼 메가트렌드가 된 녹색성장으로 인해 신재생 에너지, 2차 전지, LED 등은 향후 10년 이상 지속적으로 성장할 것이며, 세계적인 경쟁력을 갖춘 국내 대기업들이 그 사장을 주도하게 될 것이다.

의약업과 증권업 같은 고령화 사회 산업

한국인의 평균 수명이 79.1세로 경제협력개발기구(OECD) 평균을 처음으로 넘어섰다. 인구 1,000명당 병상 수는 8.5개로 OECD 평균보다 세 개 많지만 1,000명당 의사 수는 1.7명으로 OECD 평균 3.1명보다 훨씬 적다. 보건복지가족부는 2006년 통계를 기초로 작성한 2008년 OECD 건강 데이터를 분석해 공개했다.

이 자료에 따르면 2006년 기준으로 한국인의 평균 수명은 79.1세를 기록해 OECD 국가 평균 수명 78.9세를 0.2세 앞질렀다. 평균 수명이 가장 높은 일본(82.4세)과의 격차도 3.5세로 줄었다. 우리 국민의 평균 수명은 2001년 76.4세, 2003년 77.4세, 2005년 78.5세로 연평균 0.5세씩 증가해 왔다.

우리나라 국민이 병원을 찾는 횟수는 전반적으로 많았다. 우리 국민의 1인당 외래 진료 건수는 2005년 기준으로 연간 11.8건을 기록해 OECD 회원국 평균(6.8건)의 두 배에 가까웠다. 2006년 기준 국내 의료비 지출은 국내총생산(GDP)의 6.4%를 기록해 OECD 평균 8.9%에 미치지 못했으며 의료비 지출에서 공공 부문이 담당한 비율은 55.1%로 역시 OECD 평균 73%를 밑돌았다.

제약주는 불경기에 강한 경기 방어적 성격이 강하다. 제약업종 대장주인 유한양행은 2006년에 대규모 설비 투자를 마무리해 자금 여력이 높은 편이다. 레바넥스 등 신약 판매가 호조를 보이면서 실적도 상승세를 지속할 것으로 보인다. 게다가 유한킴벌리 등 자회사의 실적 개선에 따른 지분법 평가 이익이 많은 회사다. 유한양행은 유한킴벌리의 지분을 30% 가지고 있다.

이제는 정말로 우리나라도 초고령화 사회로 진입하고 있다. 60세 이전에 직장을 그만두고 수입 없이 20여 년을 더 살아야 하는 시대가 되었다. 건강하고 돈을 많이 가지고 오래 살면 행복이겠으나 그렇지 못하면 오래 사는 것 자체가 리스크(위험)인 시대인 것이다. 그래서 앞으로는 건강과 관련된 의약업과 수입 없이 살아야 할 20년을 위한 투자의 시대가 본격적으로 도래할 것으로 보인다.

2009년 자본 시장 통합법의 시행과 더불어 증권 산업은 새로운 도약의 길로 접어들 것이고 투자자도 점차적으로 늘어날 것으로 보인다. 그러나 제반 여건이 좋아진다 하더라도 치열한 경쟁을 뚫고 꾸준히 성장, 발전해서 투자자에게 고수익을 안겨 줄 회사는 업종 대표주에 한정될 것이다. 그동안 대부분의 증권사는 주식 매매 수수료에 의존해 왔으나 이제부터는 자산 관리 분야에 강한 증권사는 성장 · 발전하고 그렇지 못한 증권사는 발전하지 못하는 차별화가 진행될 것으로 보인다.

통찰력을 통한 성장주 투자의 개척자,
필립 피셔의 투자법

필립 피셔(1907~2004)는 벤저민 그레이엄과 함께 현대적인 투자 이론을 개척한 위대한 투자자이다. 그는 투자 대상 기업을 고를 때 최고 경영자의 능력과 연구 개발 역량을 가장 중요한 요소로 평가해야 한다고 생각했다. 그래서 기업의 질이 무엇보다 중요하게 여겼다.

이 점이 기업의 재무제표와 계량적 분석을 중시한 그레이엄과 구별되는 점이다. 워렌 버핏이 그레이엄과 함께 피셔를 스승으로 꼽은 이유도 바로 여기에 있다. 계량적 분석만으로는 최고의 주식을 찾아내는 데 한계가 있기 때문이었다.

피셔는 1931년 투자자문 회사인 '피셔 앤드 컴퍼니'를 설립해 평생 투자자문가로 활동했으며, 1960년대에는 스탠포드 대학교에서 투자론을 강의하기도 했다.

그는 과거의 주가 움직임을 근거로 기술적 분석에 의해 매매 타이밍을 포착하는 투자 기법이 유행하던 당시 투자 대상 기업과 고객, 경쟁 업체 등을 직접 찾아다니며 사실 수집을 통해 성장성이 높은 기업을 발굴했다.

그는 뛰어난 기업의 주식을 발굴해 아주 오랫동안 보유한 것으로 유명하다. 피셔의 투자 철학의 핵심은 주가가 아닌 기업을 보고 투자하라는 것이다. 탁월한 최고 경영진이 이끄는 기업에 투자해 그 기업이 계속 성장하여 훌륭하게 될 때까지 몇 년 혹은 몇 십 년 동안 보유하는 게 투자 성공의 열쇠라는 것이다. 기업이 성장을 이어감에 따라 잠재적인 가치 역시 높아질 것이고 주식시장은 반드시 이를 반영한다는 것이다.

피셔 역시 대공황의 시련을 겪으면서 자신의 투자 이론을 정립하기 시작했다. 그러나 피셔의 투자 이론은 그레이엄과는 정반대에 있다. 피셔는 성장 잠재력이 뛰어나고 질적으로 우수한 기업이라면 장부 가치보다 훨씬 높은 가격에 거래된다 해도 더 높은 수익률을 올릴 수 있다고 주장했다.

그런 점에서 그레이엄이 가치주 투자 이론의 원조라고 한다면, 피셔는 성장주 투자 이론을 월 스트리트에 처음으로 소개한 개척자라고 할 수 있다. 특히 손익계산서나 대차대조표와 같은 재무제표를 계량적으로 분석하는 것도 필요하지만 이보다는 그 회사가 속해 있는 업종이나 최고 경영진의 능력, 경쟁 우위 같은 질적인 요소가 더 중요하다고 강조했던 점이 바로 그러하다.

그는 분산 투자에 대해서도 부정적인 생각을 가지고 있었다. 분산 투자를 위해서 자신이 잘 모르는 여러 개의 기업에 투자를 한다면 오히려 리스크가 높아질 수 있으며, 이보다는 자신이 잘 아는 소수의 회사에 집중 투자를 하는 것이 더 낫다고 생각한 것이다.

그래서 그의 포트폴리오에는 항상 10개 정도의 종목만이 편입돼 있었다. 그리고 이 중 3, 4개 종목에 전체 투자 자금의 75% 이상이 집중돼 있었다. 투자자로서 그의 위대함은 종목 선정 15가지 원칙에서 찾아볼 수 있다.

피셔는 위대한 기업의 주식을 매수해 장기간 보유하라고 말했고 실제로 장기간 보유했다. 텍사스 인스트루먼츠 주식은 1955년에 매입해서 20여 년을 보유한 후 1980년대에 매각했으며 모토로라 주식은 무려 25년 동안 보유한 후 매도했을 정도다.

다음은 그가 말한 종목 선정의 15가지 원칙이다. 투자를 할 때 참고를 한다면 좋을 것이다.

1. 향후 몇 년간 매출액이 늘어날 수 있는 시장 잠재력을 가진 제품이나 서비스를 충분히 갖고 있는가?
2. 최고 경영진은 현재 성장 잠재력을 가진 제품 생산 라인이

더 이상 확대되기 어려웠을 때에도 회사의 전체 매출액을 추가로 늘릴 수 있는 신제품이나 신기술을 개발하고자 하는 결의를 갖고 있는가?

3. 기업의 연구 개발 노력은 회사 규모를 감안할 때 얼마나 생산적인가?

4. 평균 수준 이상의 영업 조직을 가지고 있는가?

5. 영업 이익률은 충분히 거두고 있는가?

6. 영업 이익률 개선을 위해 무엇을 하고 있는가?

7. 돋보이는 노사 관계를 갖고 있는가?

8. 임원들 간에 훌륭한 관계가 유지되고 있는가?

9. 두터운 기업 경영진을 갖고 있는가?

10. 원가 분석과 회계 관리 능력은 얼마나 우수한가?

11. 해당 업종에서 아주 특별한 의미를 지니는 별도의 사업 부문을 갖고 있으며 이는 경쟁업체에 비해 얼마나 뛰어난 기업인가를 알려 주는 중요한 단서를 제공하는가?

12. 이익을 바라보는 시각이 단기적인가, 아니면 장기적인가?

13. 성장에 필요한 자금 조달을 위해 가까운 장래에 증자를 할 계획이 있으며, 이로 인해 현재의 주주가 누리는 이익이 상당 부분 희석될 가능성은 없는가?

14. 경영진은 모든 것이 순조로울 때는 투자자들과 자유롭게 대화하지만 문제가 발생하거나 실망스러운 일이 벌어졌을

때는 입을 꾹 다물어 버리지 않는가?

15. 의문의 여지가 없을 정도로 진실한 최고 경영진을 갖고 있
    는가?

– 필립 피셔, 《위대한 기업에 투자하라》, 굿모닝북스

[03]

Manager Mind
경영자 마인드를 가져라

01

기업가 마인드로
투자하라

기업가는 새로운 기업을 세우고 키워 가면서 이에 따르는 위험을 감수하고 그 대가로 일정 수익을 갖는다. 큰 이상과 목표를 가지고 이를 달성하기 위해 과감한 결정과 확신으로 추진력을 발휘한다. 그렇게 해서 기업가들은 새로운 직업을 창출하고 새로운 상품과 서비스를 생산하여 우리 삶을 더욱 윤택하고 편리하게 한다. 왕성한 기업가 정신이야말로 건강하게 성장하는 경제 발전의 핵심 요소라 할 수 있다.

우리나라가 전쟁의 폐허를 딛고 세계 10위권의 경제력을 갖게 된 것도 실은 왕성한 기업가 정신을 갖고 있었던 창업 1세대의 노력 덕분이었다. 주식투자자들도 반도체, 조선, 자동차 등을 세계 일등 제품으로 만들어 낸 기업가 마인드에서 얻을 것이 많다. 주식투자야말로 기업가 마인드가 절실하게 필요한 분야이기 때문이다.

시대를 앞서가는 제품과 서비스를 생산하면서 성장 발전하는 기업의 주가는 꾸준히 오른다. 이 주식을 사서 기업의 성장과 함께한다는 생각을 갖고 오래 보유하면, 큰 수익으로 보답받는다. 투자자들이 장기투자에 관심을 가지지 않는 것은 기업가 마인드에 대한 부정적 인식과 관련이 있겠지만, 그 당시에는 다른 방법이 없었다. 하지만 앞으로는 기업가 마인드에 대한 인식을 재평가해야 한다.

삼성을 만든 이병철 회장은 기업의 성장 발전이 경영자의 자질에 달려 있다고 생각했던 사람이다. 그래서 경영 이념으로 사업 보국과 함께 인재 제일을 강조했다. 경영자는 사업을 에워싼 모든 변혁과 위험에 대한 적절한 판단, 주도면밀한 계획과 결단성 있는 대처 능력이 필요하며, 눈앞의 이익과 효과에만 매달리지 않는 통찰력과 일을 창조하고 개척하는 혜안이 있어야 한다고 말했다.

최고 경영자는 높은 이상과 독립자존의 정신, 불퇴전의 정력과 고고한 명예를 지닌 리더십이 필요하다고도 말했다. 판단력, 계획성, 추진력, 통찰력, 독립성, 지도력이 필요하다고 강조했던 것이다.

경영자의 판단력은 기업의 장래와 운명을 결정짓는다. 따라서 경영자에게는 경기 전망, 첨단 산업의 추세와 발전 방

 안정적으로 큰돈 버는 **SIMPLE** 투자법

향, 관련 업종의 변화, 경쟁사 간의 정보, 생산성, 경영 전략, 자동화, 인재 양성과 같이 기업 경영에 필요한 정보 외에도 국내외 정치 정세에 대한 치밀한 분석과 연구가 필요하다.

1971년 9월 현대그룹 정주영 회장은 우리나라에서 최초로 조선소를 만들기로 작정했다. 현대건설은 기계와 전기 계통의 기술자를 많이 보유하고 있었으므로, 우리나라에서 배를 만드는 것이 해외 건설 현장에 나가 돈을 버는 것보다 더 안전하다고 생각했다.

건설 기술자인 정주영 회장이 보기에 조선이라는 것도 건설과 별로 다를 게 없었다. 큰 철판을 구부려 배 모양을 만들고 그 안에 배가 움직일 각종 기계들을 집어넣으면 된다는 것이 그의 생각이었다.

이처럼 주식투자를 하는 사람들은 이병철 회장이나 정주영 회장과 같이 철저한 기업가 마인드로 무장해서 좋은 기업을 찾아내야 한다. 그리고 그 기업의 경영자와 동업한다는 생각을 갖고 투자해야 한다. 그러기 위해서는 하루하루 눈앞에서 오르락내리락하는 주가 변동에 일희일비하지 말아야 한다. 자기가 보유하고 있는 기업의 최고 경영자라고 생각하고 투자해야 하는 것이다.

주식투자는 창업과 같다. 만일 다섯 개 정도의 포트폴리오를 다양한 업종에 갖고 있다면 이는 각기 다른 다섯 개의 회사를 운영하고 있다고 볼 수가 있다. 투자자가 이런 생각을 가지고 있다면 처음부터 종목을 선정할 때 소홀할 수가 없다. 내가 직접 할 사업인데 어찌 기분에 따라 창업하겠는가? 신중하게 고민하고 검토한 후에 창업하듯이 종목을 선정할 것이다.

회사 창업이 결코 쉬운 일이 아니듯이 주식투자로 수익을 낸다는 것 또한 무척 어렵다. 그러나 이 종목 저 종목을 사고 팔아 수익을 내는 것이 주식투자라고 생각하는 사람이 의외로 많다. 쌀 때 사서 비쌀 때 팔아야 된다고 생각하는 사람도 많다. 물론 틀린 말은 아니다. 그러나 그 기간이 문제다. 최소한 1년 이상을 보고 그렇게 판단한다면 시행착오를 줄일 수 있겠지만 일주일이나 한두 달 단위를 본다면 원하는 만큼 수익을 얻기 어렵다.

주식시장은 날마다 변한다. 언제 얼마나 오르고 언제 얼마나 내릴지 아무도 모른다. 그렇기 때문에 주가가 대폭등한다고 해서 좋아할 일도 아니고 대폭락한다고 해서 공포에 질릴 필요도 없다. 사업을 하다 보면 이런저런 시행착오와 어려움에 봉착하듯이 주식투자도 그러하다. 창업자들이 어떤 과정을 거쳐 성공했는지를 살펴보면 아마도 주식투자에 많은 참고가 될 것이다.

창업은 업을 이룬다는 말이다. 창업자들은 일반 직장인들과 비교할 수 없는 스트레스와 과중한 업무를 묵묵히 수행했으며 조금이라도 싼 사무실을 얻기 위해 옥탑방도 마다하지 않았고 때로는 월급을 제때 주지 못해 직원들을 떠나보내며 눈물을 흘렸다. 수도 없이 문전박대를 당했고 사업이 조금 잘된다 싶으면 자금 부족으로 어려움을 겪어야 했다.

하지만 그들은 자신의 일에 완전히 미칠 만큼 열정이 있었다. 며칠 동안 씻지도 못한 채 서비스 개발에 몰두했고 사무실 구석의 침낭에서 새우잠을 잤으며 고객을 설득하기 위해 수십 번의 프레젠테이션도 마다하지 않았다.

그리고 마치 게임을 즐기듯 그 상황을 이겨냈다. 힘들지 않은 일이 없었지만 자신이 주체가 되어 일한다는 즐거움으로 고난을 극복했다. 안정적인 길을 가라는 주위의 만류를 뿌리치고 큰 자본 없이 무에서 유를 만들었다. 그들의 성장 스토리는 한편의 드라마였다.

— 이형근 · 한정훈, 《한국의 젊은 CEO들》, 페가수스

창업자들이 회사를 반석 위에 올려놓기 위해서 이런 과정을 겪었는데 과연 당신은 주식을 매수하면서 얼마나 연구하고 고민했는가? 공부도, 연구도 하지 않고 주가가 오르지 않는다며 푸념한 적은 없었던가? 경쟁력도 없는 주식을 매입

해 놓고 누군가 몰려와서 주가를 올려주기만을 기다리지는 않았는가?

주식투자를 하는 이유는 대개 돈을 벌기 위해서다. 그러나 돈 버는 일이 인생의 전부가 되어서는 안 된다. 창업자들이 일을 즐겼던 것처럼 즐겁게 투자해야 한다. 그러기 위해서는 중장기투자를 원칙으로, 내가 그 회사의 최대 주주인 것처럼 생각해야 한다. 그러면 주가가 오르든 내리든 신경 쓰지 않아도 된다. 주식을 사고파는 물건으로 생각하기 때문에 스트레스를 받는 것이다.

원광대 보건대학원 김종인 교수가 2008년 5월 100세까지 산 사람들의 정신 건강 상태를 조사한 연구 결과에 따르면 그들은 미래에 대한 근심과 걱정이 적으며 스트레스를 받지 않아 정신 건강이 매우 양호했다고 한다.

주식투자를 할 때는 자신이 그 회사의 창업주라고 생각하라. 그리고 회사의 성장과 함께 자신이 발전한다고 생각하라. 하루하루 주가 등락을 보면서 심하게 스트레스를 받는다면 100세까지 사는 데에도 지장이 생긴다는 사실을 반드시 명심하라.

02

상위 1% 마인드를
가져라

필자의 집 부근에 100평짜리 아파트가 있다. 처음 분양할 때 아내와 함께 모델하우스에 간 적이 있었다. 그러고 나서 그 앞을 걸어갈 때마다 필자는 아내에게 이렇게 말한다.

"원래 저 아파트는 우리 집인데 지금 전세를 줬잖아. 그 집에 사는 사람이 몇 년 더 살게 해 달라고 부탁해서 그렇게 하라고 했어. 아마 그 사람 이 집에 몇 년 더 살아야 할 무슨 이유가 있나 봐. 몇 년 더 살게 그냥 허락해 주자고. 그리고 우리는 다음에 입주하자. 우리는 식구도 적으니 지금 아파트에서도 별로 불편하지 않잖아. 안 그래?"

물론 그 아파트는 우리 집이 아니다. 그런데 필자는 몇 년 후에 그 아파트를 사서 아내에게 주겠다고 큰소리를 친다. 그러면 아내는 그때마다 "저도 그걸 믿어요"라고 하면서 웃고 만다. 필자는 여전히 그 아파트가 내 것이라고 굳게 믿고 살아가고 있다. 그리고 이런 생각을 할 때마다 기분이 너무 좋다. 일종의 자기 최면이다.

긍정적이고 적극적인 생각은 가족과 주위 사람들에게 즐거움을 준다. 그래서 직장 생활에서도 적극적이고 긍정적인 사람은 환영받는다. 그러기 위해서는 사회적으로 성공한 사람들을 존경하고 본받아야 한다. 그래야 자신도 그 기운을 얻을 수 있다. 그래서 사람들은 성공한 사람이나 부자가 되고자 그들에 관한 책을 읽는 것이다. 당신이 되고 싶은 부자는 어떤 모습일까? 우리나라 1% 부자들에 관한 신문 기사를 보면 그들의 실체를 알 수 있을 것이다.

그들은 재산이 현금, 부동산, 주식 등을 포함해서 100억이 넘고 연 수입은 2억이 넘었다. 승용차는 에쿠스, 벤츠, 렉서스를 즐겨 타며, 골프 회원권은 2개 정도 보유하고, 정장은 아르마니, 구두는 페라가모, 핸드백이나 가방은 루이비통, 시계는 까르띠에를 찬다. 좋아하는 술은 와인이고, 좋아하는 운동은 골프다. 연간 해외여행은 3회 정도 한다. 현재 평균 나이는 56세이고 65세에 은퇴할 생각을 갖고 있다.

– 《포브스코리아》, 2007. 11. 26.

이들을 시기하고 질투해서는 부자가 될 수 없다. 그들이 어떻게 해서 그렇게 부자가 됐는지를 공부하고 연구해야 나도 부자로 살 수 있다. 몇 년 전에 지하철 공사 현장을 지나다가 커다란 현수막을 본 적이 있다. 지하철 공사를 하는 건설 회사에서 걸어 놓은 것인데 '남처럼 해서는 남 이상 될 수 없다'고 씌여 있었다. 아마 건설 회사 현장 소장이 공사를 완벽하게 하도록 교육하는 차원에서 걸어 놓은 것 같았다.

당신이 주식투자로 부자가 되기 위해서는 부자들의 투자 방법을 보고 배워야 한다. 그런데 투자자들은 주변 사람들이 하는 방법대로 투자를 한다. 그러나 그렇게 해서는 주식투자로 부자가 되기는 어렵다.

주식시장에서 부자라고 하면 기관과 외국인들이다. 그들은 총자금의 95%를 코스피에 투자하고 단지 소액인 5%만 코스닥에 투자한다. 그런데 개인 투자자들은 총자금의 65%를 코스피에 투자하고 35%를 코스닥에 투자한다. 기관과 외국인들은 왜 이렇게 코스닥 비중을 낮게 잡는 것일까? 그 이유는 믿을 수 없기 때문이다. 그런데 개인 투자자들은 허황된 꿈을 꾸고 있다. 개인 투자자들이 코스닥 개별주, 작전주에 몰려들어 얼마나 대박의 꿈을 꾸고 있는지 다음의 기사를 인용해본다.

대한민국 주식 작전업계의 최고 전설로 남아 있는 코스닥 상장사 루보에 대한 금융감독원과 검찰 수사가 시작됐던 무렵이었던 것 같다. 당시 한 투자자가 신문사에 전화를 걸어 이렇게 따졌다.

"삼성전자가 2만 원에서 60만 원까지 오르면 가치 투자고, 루보가 2천 원에서 5만 원까지 오르면 작전입니까? 왜 우리끼리 잘하고 있는데 끼어들어 난리를 칩니까?"

처음 작전주를 접했을 땐 개인 투자자들에게 어서 빨리 투자 위험성을 알려야겠다고 다짐했다. 하지만 작전주 투자에 대해 알면 알수록 이런 결심은 의미를 잃어가는 것 같다. 약간 과장을 섞어 말하자면 요즘 코스닥 작전주에 따라붙는 개인 중 속아서 당하는 사람은 10명 중 1명 정도에 불과하다.

작전을 사랑하는 개미들은 투자하는 회사가 무엇을 하는 회사인지, 매출액은 얼마나 되는지는 관심이 없다. 과연 작전이 제대로 걸렸는지에 대한 궁금증뿐이다. 어떤 개미는 아예 "이번에 붙은 세력이 실력이 좋았으면 좋겠다"고 말하기도 한다. 최근 세간의 관심으로 떠오른 재벌 테마주도 같은 맥락이다. 투자했던 개미들은 자금력이 든든한 이들 재벌 2, 3세에 대해 대단한 신뢰를 부여해 왔던 것이다.

개미들은 모두 꿈을 꾼다. 1,360원이던 주가가 51,400원까지 올라가는 과정에서 자기는 5,000원에 사서 2만 원에 팔고 나올 수 있다고 자신한다. 작전 세력 콧등에 앉아서 달려갈 수 있다는 환상에 빠져 있는 것이다. 세간을 떠들썩하게 했던 바다 이야기나 인터넷 포커판도 이와 크게 달라 보이진 않는다. 사흘 연속 상한가를 보고 들어갔다가 5,000만 원을 날리기도 한다. 결국 개미들은 어떻게 해도 '타짜'를 이기지 못할 것이다. 투자가 이미 도박이 되었기 때문이다.

- 《매일경제》, 2008. 6. 25.

증권사 영업 사원, 인터넷에서 상담해 주는 전문가 그리고 신문 방송에서 전문가라고 나와서 말하는 사람의 95% 이상이 차트 매매와 시황 매매를 주장한다. 차트 매매와 시황 매매를 주장하는 사람 중에 많은 돈을 번 사람은 차트 매매와 시황 매매를 주장하는 이들뿐이다. 차트 매매는 그것을 가르치는 선생만 상담료 수입을 얻고 실제 투자자는 돈을 벌지 못한다.

국어, 영어, 수학 지식으로 과외 시장에서 스타 강사는 성공하지만, 그들에게서 국어, 영어, 수학을 배운 사람들은 그 지식만으로 사회에서 성공할 수 없다. 물론 주식투자를 해서 상위 1%에 들 수도 있다. 투자자들이 알고 지내는 주위 사람 중에 없어서 그렇지 실제로 꽤 있다. 그런데 그들은 차트 매매나 시황 매매로 돈을 번 사람들이 아니다. 오히려 중대형 우량주를 사서 중장기투자를 했던 사람들이다.

우리나라 K리그는 영국의 프리미어리그에 비해 관중이 상당히 적다. 그렇다면 프로 축구 구단의 수입은 관중 수에 비례할까? 아니다. 그러나 그렇기도 하다. 사실 프로 축구 구단의 수입은 관중에게서 나오는 것이 아니라, 주로 TV 중계권에서 나온다. 영국의 프로 구단은 이 TV 중계권을 전 세계에 판다.

그 돈으로 선수들에게 많은 연봉을 준다. 박지성 선수의 연봉도 50억 원이 넘는다. 우리나라 프로 축구 선수 중에는 연봉이 1억 원을 넘지 않는 선수도 많다. 관중이 적으니 관중 수입도 적고 TV 중계권료 수입도 낮아져 선수들의 연봉을 올려 줄 수가 없는 것이다.

차범근 감독이 독일에서 선수 생활을 하던 시절, 독일의 분데스리가 경기를 우리나라 TV에서 자주 보았다. 그러나 영국의 프리미어리그가 전 세계의 유명 선수를 싹쓸이하자 독일의 유명 선수들이 모두 영국으로 가 버리는 바람에 이제 독일의 분데스리가는 유럽에서 4위로 밀려나고 말았다.

축구뿐 아니라 어떤 부문이든 1등이 전부 가져가는 승자 독식 시대가 되었다. 1등 기업은 이익이 엄청나게 늘어나고 정상에 있는 사람들은 주체할 수 없을 정도의 수입을 올린다. 승자 독식 현상은 전 세계적인 현상이다. 아래의 저서는 미국과 영국의 사례를 들어 이를 설명하고 있다.

승자 독식 시장은 이미 중대한 사회적 경제적 변화를 가져왔
다. 그리고 이런 현상은 점점 더 강화되고 있으며 앞으로 훨씬
더 극적인 변화가 나타날 것으로 예측된다. 소득 불평등이 심화
되고 있다. 부익부 빈익빈의 시대가 더 심화되고 있는 것이다.

예를 들면, 1979년부터 1989년에 미국 상위 1%의 소득 계층
은 실질 소득이 두 배 이상 증가한 반면, 미국인들의 평균 소득
은 거의 변하지 않았고 하위 20퍼센트의 소득 계층은 소득이
도리어 10%나 줄어들었다.

영국의 경우, 1977년에는 가장 부유한 20%의 사람들이 가장
가난한 20%의 사람들보다 4배 정도 많은 수입을 올렸지만
1991년에는 그 차이가 7배로 늘어났다.

– 로버트 프랭크 · 필립 쿡, 《승자독식사회》, 웅진지식하우스

우리나라의 경우 통계청이 2008년 5월 23일에 발표한 1/4
분기 가계 수지 동향에 따르면 상위 20%의 월평균 소득은
731만 2천 원이며 하위 20%는 86만 9천 원으로 상위 20%가
8.41배 소득이 많았다. 이는 2003년 관련 통계가 작성된 이
후 가장 큰 것으로 소득 격차가 사상 최대로 벌어졌음을 보
여 준다. 상위 20%의 소득 비율은 2003년 7.81배에서 2008

년 8.41배로 확대됐다.

사회의 변화는 기업의 변화에 직결된다. 우리가 주식투자를 할 때는 글로벌 경쟁력이 있는 업종 1등 기업에 투자해야 하는 이유가 거기에 있다.

주식투자는
관리가 아니라 경영이다

필자는 상당히 오랫동안 주식에 관심이 없었다. 그러니 당연히 주식 계좌가 있을 리 없었다. 경제 신문을 수년 동안 보아왔어도 증권란은 아예 거들떠 보지도 않았다. 근본적으로 주식투자는 위험하다는 생각을 갖고 있었기 때문이었다.

그런데 갑자기 주식투자를 해야겠다는 생각이 들었다. 그 동안 주위에서 주식투자 경험이 있는 사람들에게 그 방법을 알려 달라고 부탁을 했다. 그랬더니 한 사람을 제외한 모든 사람이 반대하면서 주식은 절대 하지 말라고 신신당부를 하는 것이 아닌가.

그래서 필자는 그 사람에게 물었다. 수십 년 동안 주식투자를 했지만 수익이 난 적은 거의 없고 항상 손해만 보았다는 것이었다. 이상하다는 생각이 들었다.

그러나 주식투자를 찬성한 사람은 수 년 동안 주식투자로 상당한 수익을 올린 경험을 이야기했다. 그리고 "자네도 열심히 하면 성공할 것이네"라면서 3개월 동안 자기가 공부하고 연구한 주식투자 방법을 알려 주었다.

그때 이런 생각이 들었다.

'그래 맞아, 실패한 경험이 많은 사람은 실패자가 되고 성공한 경험이 많은 사람은 성공한 사람이 되는 거야. 이제부터라도 주식시장에서 성공 경험을 축적하여 반드시 성공한 사람이 되자.'

이런 생각으로 주식 공부를 시작했지만 점점 더 자신이 없어지면서 주식투자는 위험하다는 생각을 더 많이 하게 되었다. 그러면 위험하니까 주식투자를 하지 말아야 할까? 그런 생각은 '위험하니까 자동차 운전을 하지 말고 걸어 다닐까?'라고 생각하는 것과 같다.

그렇다면 안전 운전을 하면 위험을 줄일 수 있듯이 주식투자의 위험을 줄일 수 있는 방법은 없을까 생각하게 되었다. 그리고 마침내 주식시장에서 위험을 줄이고 안전 운전을 하는 비결은 좋은 종목을 골라 미련스럽게 가져가는 방법뿐이라는 사실을 알게 되었다.

문제는 좋은 종목을 고르는 안목이었다. 그때 떠오른 것이 회사 다닐 때의 경험이었다. 종목을 고를 때 내가 그 회사를 직접 경영한다고 생각하고 고르면 된다는 생각에 미친 것이다. 내가 직접 경영을 한다고 생각하면 수많은 정보와 자료를 검토하고 연구하고 고민할 것이 아닌가? 이런 생각으로 투자를 하면 좋은 종목이 보이게 마련이다. 주식투자는 위험하다. 주식시장에서 살아남으려면 공부하고 연구하고 고민하면서 종목을 골라야 한다.

사실 필자는 증권사나 투자자문 회사에 근무한 적도 없고 지난 20여 년 동안 대기업에서 기획과 마케팅 업무를 한 사람이다. 그러나 주식투자 전문가라고 하는 대부분의 사람들은 증권사나 투자자문 회사의 근무 경험이 있는 사람들이다. 그래서 주식투자는 주식을 사고팔면서 수익을 낸다고 생각하는 사람이 많다.

그러나 그들은 주식투자는 사업가적인 마인드로 하는 것이라는 사실을 무시하는 사람들이다. 말하자면 골프를 잘하기 위해서 골프 연습장에서만 산 사람들이다. 골프를 잘 치기 위해서는 헬스를 열심히 해서 어깨와 허리 근육을 강화해야 한다는 사실을 몰랐거나 무시한 사람이 많다.

필자는 사업가적인 마인드로 20여 년 이상 일을 한 후에 주식시장에 입문했기 때문에 당연히 사업가적인 마인드로 주식투자를 한다. 주식투자는 '관리'에 치중해서는 안 되고 '경영' 마인드로 해야 한다. '관리'는 비용을 축소해서 이익

을 크게 하는 방법이고 '경영'은 파이를 키워서 이익을 극대
화하는 방법이다.

날마다 눈에 어른거리는 주가 차트를 보면서 조금 생긴 수
익을 지키겠다고 주식을 사고팔고 이 종목 저 종목 주식 쇼
핑에 나서는 것은 '관리'다. 관리에 치중해서 중소기업으로
평생 지낼 수 있을지는 모르겠으나 대기업으로 성장할 수는
없다. 이런 방식으로 투자하면 용돈 정도는 벌 수 있을지는
몰라도 큰돈은 벌수가 없다.

관리는 비용을 절감하는 것이 기본이지만 경영은 투자가
기본이다. 우리는 '주식 관리'라고 하지 않고 '주식투자'라
고 한다. 투자의 본질은 경영 마인드다. 차트를 보면서 조금
생긴 수익을 지키려는 마음으로는 큰돈을 벌 수 없다.

훌륭한 경영자는 돈을 벌겠다는 작은 욕심보다는 그 이상
의 목표, 즉 고객을 위한 봉사나 가치 창조를 위한 마음으로
기업을 경영하여 큰 부자가 되었다. 투자자들도 이러한 진리
를 깨달아야 한다. 그들이 돈을 벌기 위해 일하는 것이 아니
라, 열심히 일하다 보니 자연스럽게 큰돈을 벌었다는 사실을
말이다.

주식투자에서 성공하는 방법은 이미 우리도 알고 있다. 저
평가 우량주에 장기투자를 하면 된다는 말은 이미 상식이 된
지 오래다. 그말 그대로 주식투자를 하면 된다. 그리고 투자

의 성패도 마찬가지다. 단지 그것을 믿고 실천했느냐 하지
않았느냐의 문제에 지나지 않는다.

04

매출액과 영업 이익을 따져라

기본적 분석은 '저평가 우량주에 장기투자하라' 는 명제에 충실한 투자 방법이다. 그렇다면 저평가란 무엇일까. 기본적으로 저평가는 그 회사의 재무제표, 즉 손익계산서(PL)와 대차대조표(BS)를 보고 판단한다는 의미를 지니고 있다. BS를 보고 자산의 건전성을 판단하고, PL을 보고 성장성과 수익성을 판단하는 것이다.

BS는 자산, 부채, 자본으로 구성되어 있기 때문에 PBR, 부채비율, ROE를 구해서 자산 건전성을 판단한다. 이에 비해 PL은 매출액, 영업 이익, 당기순이익 등을 통해 EPS, PBR, 매출액 증가율, 영업 이익 증가율, 순이익 증가율 등을 구해서 성장성과 수익성을 판단한다.

그러나 개인 투자자들은 이를 계산하기 어렵다. 더구나

BS와 관련된 자료들은 기록된 데이터를 그대로 계산하면 되지만 PL과 관련된 모든 자료는 가까운 장래의 예측치를 대입해서 계산해야 한다. 개인 투자자들이 매출액과 영업 이익률 등을 예측해서 EPS나 PER을 계산하기는 굉장히 어려운 것이다.

이런 용어들은 그저 책을 읽고 이해만 하고 있으면 충분하다. 그리고 주식을 매입할 때 증권사에서 이미 만들어서 제공하는 데이터를 읽고 이해할 수준이면 된다. 아울러 신문을 읽다가 이런 용어가 나오면 무슨 소린지 이해할 수만 있으면 된다. 그 정도면 족하다.

개인 투자자가 저평가를 판단하는 기준이 외국인이나 기관과 같은 수는 없다. 외국인이나 기관은 전문 애널리스트나 펀드매니저가 있으므로 데이터를 가공해서 계산할 수 있기 때문이다. 필자는 개인 투자자들이 저평가를 판단하는 기준을 세우기 위해서는 우선 코스피 지수를 보고 큰 흐름을 판단한 후에 개별 종목의 차트를 보고 저평가 유무를 알아채야 한다고 생각한다.

필자는 이런 방법만이 개인 투자자들이 할 수 있는 가장 간단하고 유일한 저평가 주식을 찾아내는 방법이라고 믿고 있다. PER, PBR, EPS 등과 같은 어려운 용어와 숫자에 매달릴 필요가 없는 것이다.

예를 들면 코스피 지수가 폭락 행진을 계속하고 있을 때는 저평가 국면, 9시 뉴스에 주가가 연일 대폭등이라는 뉴스가 나오면 고평가 국면이라는 뜻이다. 당연히 저평가 국면에서는 매수, 고평가 국면에서는 매도로 대응하면 된다. 그리고 하락이 지속될 때 매수는 금물, 하락을 멈추고 반등할 때 매수에 동참하는 것 정도가 개인 투자자들이 저평가를 판단할 수 있는 국면이다.

개별 종목의 차트를 보면서 저평가를 판단하는 기준은 상승장, 횡보장과 하락장의 경우가 그때마다 다르므로 일률적으로 이야기할 수는 없다. 상승장인 경우는 눌림목 조정 구간이 매수 구간이요, 횡보장인 경우는 박스권 하단이 매수 구간이요, 하락장인 경우는 하락을 멈추고 반등할 때가 매수 구간이다.

결국 저평가 문제는 개인 투자자들이 저평가된 주식을 찾기는 어렵다는 뜻으로 이해하면 될 것이다. 그런 일은 외국인과 기관의 몫이다. 그래서 개인들은 아예 바닥에서 매수할 생각을 하지 않는 것이 좋다. 외국인과 기관들이 어느 정도 매집해서 주가를 올려 놓은 후에야 비로소 눈치 빠른 개인들이 동참한다고 보면 된다.

사실 BS나 PL을 보고 저평가된 주식을 찾아내는 과정은 고난의 길이다. 이런 분석을 우리는 정량 분석이라고 한다.

이런 식으로 주식투자의 길을 세계 최초로 제시한 사람이 바로 벤저민 그레이엄이다. 워렌 버핏의 스승인 그는 1930년대에 《증권분석》이라는 유명한 책을 썼는데, 그 책에서 정량 분석에 입각한 주식투자를 하라고 역설했다.

이 책은 벤저민 그레이엄이 언급했듯이 펀드매니저나 애널리스트용으로 집필된 책이다. 당연히 무척 어렵다. 그래서 벤저민 그레이엄이 일반인들을 위해서 책을 썼는데 그 책이 바로 《현명한 투자자》이다. 가치 투자로 유명한 이채원 부사장이 성경처럼 생각하는 책이다. 일반인을 위해서 썼다고 하지만 온통 숫자의 중요성을 강조하고 있어 딱딱하고 재미가 없는데다 엄청난 인내를 요구하는 책이다.

필자는 대기업의 기획실, 마케팅팀에서 오랫동안 일하면서 최고 경영자나 그룹의 회장님들 앞에서 프리젠테이션을 한 적이 많았다. 그때 그분들의 의사 결정을 돕고자 모든 서류에 숫자를 빼곡히 기입해야만 했었다. 그리고 신제품을 개발하거나, 신규 사업을 할 때 매출액은 언제 얼마나 오르고, 이익은 언제 얼마나 오를 것인지가 의사 결정의 핵심이라는 사실을 경험을 통해서 알게 되었다.

주식투자도 마찬가지다. 현실적으로 개인 투자자들은 여러 제약이 많아서 그렇게까지는 못하겠지만 마인드만큼은 항상 숫자를 기본으로 중시해야 한다. 그리고 종목을 선정할 때도 자신이 구체적인 데이터를 가공하지는 못할지라도 증권사에서 공개한 숫자를 보고 좋은 회사를 식별하고 이를 매수할 줄은 알아야 한다. 주식투자에서 종목을 선정할 때 숫자의 중요성은 아무리 강조해도 결코 지나치지 않다.

그러나 이러한 계량적 숫자만이 주가를 결정하는 것은 아니다. 이 문제에 대해서는 워렌 버핏의 스승인 필립 피셔가 명쾌하게 지적한 바 있다. 그의 이야기를 직접 들어보도록 하자.

투자의 세계에서 대단한 수익을 거둔 투자자는 단순히 운이 따라 주어서 그렇게 된 것은 아니다. 수도자처럼 수학적 계산에 몰두해서 성공적인 투자자가 된 경우는 역시 매우 드물다.

투자자가 아주 뛰어난 능력을 갖고 있다면 주식투자를 통해 장기적으로 엄청난 금액의 큰돈을 버는 데는 한두 가지가 아닌 수많은 방법이 있다. 보통 사람들이 성공적인 투자의 핵심이라고 생각하는 회계학적 통계 수치를 활용하는 방식은 충분한 노력을 기울일 경우 꽤 저평가된 주식을 찾아낼 수 있다.

어떤 경우는 너무 저평가된 주식을 찾아낼 수 있다. 하지만 상당수의 경우는 저평가된 주가가 몇 년 안에 크게 오를 것이라고 기대하는 동안 오히려 기업의 앞날에 시커먼 먹구름이 드리우고 만다. 이런 약점은 통계 수치만을 조사해서는 전혀 알아낼 수 없다.

- 필립 피셔, 《위대한 기업에 투자하라》, 굿모닝북스

가치 투자를 주장하는 책을 보면서 숫자 때문에 머리 아파할 필요가 전혀 없다. 정량 분석 중에 가장 중요한 부분인 매출액과 영업 이익만 챙겨도 된다. 개인 투자자들은 수많은 숫자를 일일이 다 확인하고 분석할 시간이나 실력이 없으므로 매출액과 영업 이익 이외의 숫자는 그냥 참고만 하면 된다. 이것이 꾸준히 늘어나는 회사인지만 확인해도 옥석을 구분하는 큰 기준을 세울 수 있기 때문이다.

투자 종목 선정에도
요령이 있다

이번에는 개인 투자자들이 가장 궁금해하는 종목 선정 요령에 대해 알아보자. 개인 투자자는 소위 프로라고 하는 기관과 외국인들의 종목 선정을 따라할 수가 없을 뿐 아니라 따라해서도 안 된다. 자기만의 방법으로 종목을 선정해야 한다. 기관과 외국인들은 우선 재무제표를 보고 기업을 분석한 후, 직접 방문하여 확인해 보고 그룹 토의를 거쳐 투자 종목을 고르기 때문이다.

필자도 처음에는 어떤 종목을 골라야 높은 이익을 얻는지 알지 못해 정말 막막했다. 관련 서적을 많이 읽어 이론은 알았지만 구체적으로 어떤 종목을 사야 하는지는 몰랐다. 그래서 주말이면 주식투자 강연회가 열리는 곳을 열심히 찾아다녔다. 종목에 대한 설명과 더불어 투자 가치가 있는 종목을 추천받을 수도 있었기 때문이다.

그러나 그것도 코끼리 다리만 만지는 정도에 불과해 답답한 마음이 들었고 신문에 나오는 주식 시세표를 보기 시작했다. 주가가 비싼 종목을 100여 개 골라 이들을 관심 종목 목록으로 만들어, 날마다 주가 변동 상황을 유심히 관찰했다. 주식투자를 처음 하다 보니 주가가 비싼 종목이 유리할 거라 생각한 것이다. 더욱이 평소 이름을 많이 들어 본 회사는 주가가 비쌌고 이름이 생소한 회사들의 주가는 아주 쌌다.

그렇게 수개월 지켜보니 주가가 비싼 종목이 오르는 폭도 크다는 사실을 발견했고 비싼 종목일수록 더 잘 오른다는 사실도 알게 됐다. 주가가 잘 오르는 비싼 대형 종목을 골라 보니 50여 개가 되었다. 그러나 50여 개를 모두 살 수는 없는 노릇이기 때문에 그때부터 고민이 시작됐다.

이제 어떤 기준으로 다섯 개의 종목을 선정할지, PER을 적용해야 할지, PBR을 적용해야 할지 아니면 증권사 추천 리포트를 기준으로 판단해야 할지 아주 오랫동안 고민했다. 결국 그렇게 어려운 수치를 분석할 자신이 없다는 판단을 하고 책에서 읽은 좋은 종목 골라내는 요령을 기준으로 삼아야겠다고 생각했다.

그때부터 회사를 어느 정도 선정하여 그 회사가 무슨 사업을 하고 있는지 조사하기 시작했고 그 내용까지 이해하고 있

어야 한다고 생각했다. 일단 최첨단 사업을 하고 있는 회사
는 삭제했다. 그 회사에서 추진하는 사업 내용을 이해할 수
없었기 때문이었다.

이처럼 종목을 선정할 때 가장 중요한 것은 첫째, 주식을
투자하고자 하는 회사에서 추진하는 사업에 대해 아는 것이
다. 그러지 못하겠다면 그 회사는 목록에서 제외해야 한다.
알지도 못하는 회사에 투자를 한다는 것은 위험을 자초하는
일이기 때문이다.

둘째, 글로벌 경쟁력을 갖춘 기업을 선정해야 한다. 세계
화 시대에 세계적인 경쟁력을 갖추지 않은 기업은 성장하는
데도 한계가 있다. 경쟁력을 갖추지 못한 회사라면 주가가
오르지 않을 것이고 경쟁력을 갖춘 기업은 진입 장벽이 확실
하기 때문에 주식을 투자해도 된다.

셋째, 지속적인 성장이 예측되는 기업을 택해야 한다. 기
업이 지속적으로 성장하려면 시대를 앞서 가는 제품이나 서
비스를 생산해야 한다. 그리고 그런 제품이나 서비스의 라이
프 사이클이 길어야 장기적이고 안정적으로 성장하며 발전
할 수 있다. 그렇게 되면 주가는 꾸준히 오르기 마련이다.

여기까지 읽어 보고 혹자는 'PER, PBR, EPS 등과 같은 숫
자를 가지고 설명하는 증권사 사람들의 설명이 어렵다고 생
각했는데 이건 더 어렵네? 차라리 대부분의 사람들처럼 차

트를 보고 종목을 선정하는 것이 더 쉽겠다' 라고 생각할 수도 있다. 그러나 차트를 보고 종목을 선정해서는 좋은 기업을 고를 수 없다. 따라서 큰 돈 벌기는 애초에 그른 일이다. 그렇다고 증권사 사람들이 즐겨 쓰는 숫자 분석을 하기에는 개인 투자자의 실력과 시간이 부족하다.

그래서 필자는 사업 내용을 읽어 보고 좋은 기업을 고르는 방법을 선택한다. 그 기업에 관련된 내용을 읽고 또 읽고, 생각하고 또 생각하다 보면 저절로 터득이 된다. 결국 이런 여러 가지 조건을 갖춘 회사는 성장을 추구하는 대기업이 대부분이다. 아니면 업종 대표 일등주인 경우다.

코스피 중대형 우량주 중에서 주가가 상승하고 있는 종목을 50여 개 골라낸다. 그런 다음 회사의 사업 내용을 검토해서 다섯 개 종목을 최종 선정하는데, 이 방법을 미국에서도 적용한다는 내용을 나중에 책에서 접하게 되었다. 물론 필자가 생각하는 방법과 약간 다르기는 하지만 이를 인용하면 다음과 같다.

미국의 '다우10 전략' 이라는 전통적인 우량 종목 투자 방식을 하나 소개하겠다. 다우10 전략이란 미국의 우량 대형주 지수인 다우존스 산업지수(필자 주 : 다우지수에 편입된 종목은 달랑 30개뿐이다.)에 편입된 종목 가운데 지난해 투자 수익률이 가장 낮은 열 개의 주식을 사는 것을 말한다. 1980년대 미국 클리블랜드의 투자자문가인 존 슬래터가 제시한 이 전략은 장기간 다른 투자 대안보다 월등히 높고 안정된 수익률을 기록한 것으로 검증된 바 있다.

우선 다우존스 산업지수에 편입된 우량 기업 집단에서 종목을 고른다는 점과 그중에서 현재 주가 프리미엄이 낮아 소외된 종목을 공략한다는 것이 초점이다. 그러니까 다우10 전략은 일단 망하지 않을 기업 중 주가가 떨어져 시장에서 별 인기는 없으나 배당 수익률이 안정된 방어적 종목을 공략해 장기적으로 안정된 수익률을 보장받는 간결한 투자 방식이다.

– 김한진, 《3040 주식투자 실물경제학》, 이코북

기본적 분석 지표 중에 정량 분석(숫자로 되어 있는 것)은 주식투자하는 데 중요한 정보임에는 분명하다. 그러나 개인 투자자가 수많은 정량 분석 지표를 다 알 필요는 없다. 그중에 몇 개만 이해하고 있으면 충분하다. 재무제표를 보고 수치를 계산할 줄 몰라도 주식투자하는 데 어려움은 별로 없다.

그러나 기본적 분석 지표 중에 정성 분석(말로 되어 있는 것)은 매우 중요하다. 이것을 정확히 알고 실천하면 주식투자로 큰 수익을 얻을 수 있다. 주식투자의 기본 중에 기본은 차트도 아니고, 숫자로 되어 있는 것도 아니다. 오직 말로 되어 있는 정성 분석임을 잊어서는 안 된다.

기본적 분석 중에 개념 정도는 알고 있어야 할 지표를 요약하면 다음과 같다.

EPS(주당순이익)

당기순이익을 발행한 총 주식 수로 나누어서 구한다. 주당순이익이란 1주당 얼마의 이익을 창출했는가를 나타내는 것이다. 주당순이익이 높을수록 투자 가치가 높다고 볼 수 있다. 현재 주가와 주당순이익을 비교해서 주당순이익이 높은 종목이 저평가주이다.

이는 회사가 1년간 올린 수익에 대한 주주의 몫을 나타내는 지표이다. EPS가 높으면 높을수록 주식의 투자 가치가 높다고 볼 수 있다. 우선 EPS가 높다는 것은 그만큼 경영 실적이 양호하다는 뜻이며 배당 여력도 많으므로 주가에 긍정적인 영향을 미친다.

PER(주가수익률)

주가를 주당순이익(EPS)으로 나누어서 구한다. 주가가 주당순이익의 몇 배로 거래되는가를 나타내는 지표이다. PER이 높으면 회사의 이익에 비해 주가가 상대적으로 높은 것을 뜻하며 반대일 경우는 주가가 이익에 비해서 낮다는 뜻이다.

즉 기업의 성장성과 수익성을 파악하기 위한 지표다. 업종별로 성장도가 다르기 때문에 일률적으로 적용하는 것은 무리가 있다. 동일 업종끼리 비교해서 저주가수익률 주식을 선정해야 한다.

BPS(주당순자산)

주당순자산은 장부 가치를 말하는데 기업의 순자산을 발행 주식 총수로 나눈 값이다. 해당 기업의 자산 가치가 주가에 얼마나 반영되어 있는지를 나타내는 지표다. BPS가 높다는 것은 기업의 자산 가치가 높다는 것을 의미한다.

PBR(주가 순자산 비율)

주가가 주당순자산의 몇 배인가를 나타내는 지표로 시장 가치와 장부상의 가치를 비교하는 것이다. PBR이 낮고 대주주 지분이 낮은 회사는 적대적 M&A의 대상이 되는 경우가 많다.

ROE(자기자본 이익률)

당기순이익을 자기 자본으로 나눈 비율이다. 타인 자본(부채)을 제외한 순수 자기 자본만 가지고 얼마만큼의 이익을 창출할 수 있는지 알 수 있는 지표이다. 주주의 자본을 효율적으로 운영했는지 알아보고자 하는 것이 목표다.

　ROE는 높을수록 좋다. ROE가 높다는 것은 순자산 가치에 대해 높은 수익을 올린다는 것을 의미한다. 따라서 ROE가 높으면 투자자들이 그 기업의 순자산 가치를 웃돈을 주고 매입하려고 한다. 순자산 가치보다 비싸게 사더라도 높은 ROE로 인해 은행 이자보다 높은 수익을 올릴 수 있기 때문이다.

대형주 상승 시대가 왔다

몇 달 전 이야기이다. 어떤 분과 주식에 대해서 이야기를 할 기회가 있었는데 그분이 어느 종목을 사야 하는지 물었다. 그래서 어느 종목이 좋다고 이야기할 수는 없으나 현재 필자가 보유하고 있는 종목을 언급하면서 같은 종목을 사라고 권했다. 그때 말한 종목은 우리나라 업종 대표 일등주 다섯 개였다.

그런데 그분은 "그렇게 비싼 주를 어떻게 사느냐? 돈이 얼마 되지도 않는데 몇 주 사지도 못하겠다. 어떤 주는 50만 원이 넘는데 그게 오르면 얼마나 오르겠냐? 더구나 어떤 주는 작년에 네 배나 올랐는데 올해 또 오르겠냐?"라는 반응을 보였다. 그분은 거래소의 1~2만 원짜리 주식과 코스닥의 1만 원 미만 주식만 골라서 매매를 하는 모양이었다.

　몇 달 동안 소식이 없길래 전화를 해 보았더니 그런 종목들에 물려서 이제는 주식에 손도 대지 못하고 있다고 했다. 그때 50만 원이 넘은 종목은 지금 70만 원을 넘어섰고, 작년에 네 배나 올랐는데 올해 더 오르겠냐 하고 의심하던 종목은 작년의 최고가를 넘어서서 신고가를 내는 종목이 되었다. 나머지 종목도 높은 수익률을 기록했다.

　필자는 주식시장이 지속적으로 상승한다고 믿는 사람이다. 물론 단기적으로 보면 부침이 있었지만 중장기적으로 보면 주가는 꾸준히 상승해 왔다. 삼성증권이 2008년 2월에 발표한 보고서 〈주식투자로 얼마를 벌 수 있을까?〉를 보면 향후 5년간 주식투자 수익률이 연평균 13.29%에 달할 것으로 예상했다. 연평균 13.29%의 수익률은 과거 국내 증시의 실제 수익률과 비슷한 수준이다. 1980년 100포인트에서 출발한 코스피는 2006년 1,897포인트까지 상승했다. 27년 동안 연평균 복리 수익률이 11.08%인 셈이다.

　이처럼 주식시장이 앞으로 지속적으로 상승한다면 업종 대표 일등주가 앞장을 설 것이다. 그동안 그 주식이 너무 많이 올라서 앞으로는 2, 3등주가 더 많이 오를 것이라는 생각은 그저 희망 사항에 불과하다. 같은 생각을 갖고 있는 김영익 하나대투증권 부사장의 이야기를 들어 보자.

싸고 좋은 주식을 고를 수 있다면 더없이 좋은 일일 것이다. 그러나 필자는 삼성전자, 포스코와 같은 비싸고 좋은 주식을 사라고 권유하고 있다. 1960년대 말과 1970년대 초에 미국 주식 시장에서는 이른바 니프티 피프티(Nifty Fifty: 멋진 50종목)에 해당하는 우량 종목의 주가는 기관들의 매수 증가로 크게 오르고 나머지 종목의 주가는 철저히 소외된 차별화 장세가 나타났다. 그 당시 미국에서는 비싸고 좋은 종목들이 지속적으로 높은 투자 수익률을 내었다.

예를 들면 존슨&존슨(생활용품 업체, 세계 2위 제약 업체), 맥도날드(세계 최대 패스트푸드 체인 업체)의 주가는 중간에 약간의 굴곡이 있기는 했지만, 1970년부터 2004년까지 35년 동안 50배 정도 상승했다. 이 기간에 다우지수가 열 배쯤 오른 것과 비교해 보면 차별화가 얼마나 심했는지 짐작해 볼 수 있다.

국내에서도 이러한 현상이 나타날 확률이 높다. 우선 IMF 경제 위기 이후 저성장 국면에 접어들면서 기업 간 차별화가 심화되고 있다. 즉 살아남은 우량 기업들은 고성장 때보다 저성장 시대에 안정적으로 더 많은 이익을 내고 있다. 앞으로 원 달러 환율이 세 자리 수에 정착하고 시간이 흐를수록 계속 낮아질 것이다. 그렇게 되면 글로벌 경쟁력이 없는 기업은 생존 자체를 걱정해야 할 처지에 놓일 것이다.

이 밖에 국민연금과 국내 기관이 우량주를 중심으로 주식을 꾸준하게 매입할 확률이 매우 높으며 퇴직연금제 도입도 주식 수요 기반을 확대시킬 것이다. 특히 적립식 펀드로 대표되는 주식 문화의 변화와 함께 개인 자금이 꾸준하게 주식시장으로 유입되고 있으며 이 역시 우량주 중심으로 한 투자에 집중하는 추세이다.

– 김영익, 《반드시 돈이 되는 저평가주를 짚어 주마》, 이지북

업종 대표 일등주는 비싸다. 가치 대비 비싸다는 뜻이 아니고 우리가 지불해야 할 금액이 많다는 뜻이다. 사람들은 50만 원 하는 주가가 100만 원까지 오르기는 어렵다고 생각하고, 2만 원 하는 주가가 4만 원까지 오르는 것은 아주 쉬운 일이라고 생각한다. 그러나 이것은 착각이다. 경험에 의하면 좋은 회사의 주가는 꾸준히 올랐으나 좋지 않은 회사의 주가는 별로 오르지 못했다. 현재 주가 수준이 낮다면 그 회사는 그럴 만한 이유가 있다는 것을 알아채야 한다.

그렇다면 수급의 주요 주체인 기관과 외국인이 왜 업종 대표 일등주를 좋아하는지 알아야 한다. 그들이 코스닥을 싫어하고 거래소의 저가주를 싫어하는 것은 개인 투자자들이 주로 한탕주의 욕심을 앞세워 매매하기 때문이다. 앞에서 이야기한 분처럼 개인 투자자들은 그 주식들이 싸니 많이 살 수 있다는 생각을 하는 데다, 많이 가진 주식이 오르면 많은 수

익을 얻을 수 있다는 환상을 가지고 있는 것이다. 하지만 기관과 외국인은 그러한 개인 투자자들의 욕심에 좌우되지 않는다. 그렇게 본다면 개인 투자자들은 그저 환상 속에서 꿈을 꾸고 있는 셈이다.

아울러 한국 증시가 2009년 9월부터 FTSE 선진국 지수에 편입되었다. 이에 따라 한국 증시에는 약 50억 달러의 자금이 새로 유입되고 주가가 선진국 수준으로 재평가되어 한 단계 도약할 것으로 보인다. FTSE 지수는 영국 파이낸셜 타임스와 런던 증권거래소가 공동으로 설립한 FTSE 인터내셔널이 발표하는 주가 관련 지수로 모건스탠리가 운영하는 MSCI 지수 다음으로 영향력이 큰 투자 지표이다.

총 3조 달러가 넘는 펀드가 이 FTSE 지수를 기준으로 투자하고 있다. 물론 가치주 펀드, 헤지펀드 등 다양한 형태의 투자 수요도 가세할 가능성이 있어 자금 유입 효과는 더 커질 수 있다. 그러나 그렇다고 해서 주식시장이 전반적으로 혜택을 받지는 않을 것이다. FTSE 선진국 지수 편입 요건인 시가총액 1억 달러 이상을 충족해야 하기 때문에 업종 대표주들이 혜택을 받을 전망이다. 보수적이면서도 장기로 투자하는 선진 시장 투자 자금의 속성상 대형주 선호 현상이 높아질 것으로 예상되기 때문이다.

FTSE 선진국 지수에 편입되었기 때문에 PER, PBR이 선진국 수준으로 상향 조정되어 증시가 재평가되며, 변동성이 크게 줄어들어 주식시장이 안정될 것이다. 그리고 지수에 편입되는 대형주 위주로 주가가 상승하는 종목 차별화가 진행될 것이다. 그에 반해 중소형주들은 큰 영향을 받지 않아, 이들의 소외 현상이 예상된다.

선진국 증시에 투자되는 돈은 기존의 한국이 속해 있던 신흥 증시 투자액보다 훨씬 많다. 그 규모가 최소 8배에서 최대 25배까지 달할 것이라는 전망도 있다. 어쨌든 한국 증시가 지금까지에 비해 훨씬 큰 무대로 옮겨 가게 된 것만은 분명하다. 그러나 세계 무대에 서게 되면 국내 대형주의 상당수는 중형주로, 중형주는 소형주로 내려간다. 그런데 선진 시장에 투자되는 돈은 안전성이 높은 중대형주를 대체로 선호한다. 덩치 큰 업종 대표주에 수혜가 집중될 것이라는 분석이 나오는 이유이다.

FTSE 지수에는 110개 종목이 편입됐는데 이중 혜택을 볼 가능성이 높은 종목은 업종 대표 일등주 20여 개가 될 것으로 보이며, 나머지는 별 영향을 받지 못할 것으로 판단된다. 더구나 이번 지수에 포함되지 않은 중소형주에 미치는 영향은 거의 없을 것이다. 선진국에서는 1등 대표주와 2, 3위 업체 간 가치 평가의 차이가 큰데 앞으로 국내 증시도 이 같은 모습이 나타날 것으로 보인다.

글로벌 증시에서 전 세계 굴지의 대형 투자 기관들이 가장 많이 활용하는 지표는 사실 FTSE 지수가 아니라 MSCI 지수이다. MSCI 지수는 특히 미국 시장에서 압도적인 지위를 차지한다. 미국에서는 MSCI 지수의 점유율이 95%로 높기 때문에 MSCI가 한국을 선진국으로 편입한다면 그 영향은 매우 클 것이다. 아직 한국 증시는 MSCI 지수에 편입되어 있지 않지만 과거 MSCI가 FTSE를 따라 시장 승격을 결정해 온 점을 감안하면 MSCI 선진국 지수 편입 확률도 더욱 높아졌다.

이러한 국제적 지수에 편입이 되면 대형주의 상승과 시장 점유율은 더욱 가파르게 상승할 전망이다. 시장에서 차별화 장세가 진행될 예정인데, 여전히 이러한 정보로 시장의 흐름을 판단하지 못한다면 그 투자자를 기다리는 것은 빈털터리가 되는 일뿐이다.

경영자 마인드를 통한 가치 투자의 아버지, 벤저민 그레이엄의 투자법

그레이엄은 주식시장의 비효율성을 이용해 투자하면 수익을 얻을 수 있다고 확신했다. 주가란 결국 장기적으로 보면 정상적인 기업 가치를 반영한다고 믿었기 때문이다. 그리하여 그레이엄은 1934년, 무려 7년의 집필 기간을 거쳐 자신의 이 같은 투자 이론을 담은 《증권분석》을 내놓았다.

이 책에서 그가 제시한 투자 방법론은 간단하게 말하면 합리적인 가격 수준, 즉 기업의 내재가치 이하로 거래되는 주식을 신중하게 선정해서 분산 투자한다면 높은 투자 수익을 올릴 수 있다는 것이었다. 그는 기업의 내재가치란 사실(facts)에 의해 평가되는 확실한 자산이라고 정의했다. 그리고 여기서 사실(facts)이란 기업의 유동자산, 순이익, 배당금, 미래의 수익 전망 등을 말한다.

그레이엄은 특히 자산가치가 확실한 기업의 주식을 매수한다면 주가가 하락할 위험은 크게 줄어든다고 주장했다. 반면 경영진의 능력이나 사업의 특성, 성장 전망 등과 같은 질적인 요소를 너무 강조하게 되면 투자의 안전성을 해칠 우려가 있다고 지적했다. 특히 지금도 내재가치에 기초한 주식투자 분석에서 가장 기본적인 지표로 사용되고 있는 주가수익률(PER)과 부채비율, 장부가치 등은 모두 그레이엄이 처음으로 일반화한 개념으로, 현존하는 최고의 투자자 워렌 버핏은 물론 월 스트리트의 대표적인 가치 투자자들에게 큰 영향을 미쳤다.

그전까지 월 스트리트가 한마디로 투기장이었다면 그레이엄의 등장 이후에는 과학적 투자의 장으로 전환되었다고 할 정도로 그는 주식시장의 틀을 완전히 바꾸어 놓았다. 그레이엄을 가리켜 '현대적인 증권 분석의 창시자이자 가치 투자의 아버지'라고 부르는 것도 바로 이 때문이다.

그레이엄은 자산가치를 매우 중요시했다. 그래서 순자산가치를 기준으로 저평가 종목에 분산 투자하고 안전 마진을 확보하라고 주장했다. 그는 가치 투자 이론을 체계화했으며 미국 증권가인 월 스트리트에 가치 투자라는 개념을 이론적으로 정립했다. 1934년 데이비드 도드 교수와 공동 집필한 《증권분석》과 1950년에 저술한 《현명한 투자자》는 지금도 가치 투자의 교본으로 쓰이고 있다.

그레이엄은 다른 투자자들에 비해 계량적인 분석에 집중

한 것으로 유명하다. 실제로 재무제표에 집중하여 기업을 분석했으며 기업의 현재 순자산가치 평가를 통해 저평가된 가치주를 찾아내 큰 수익을 올리는 등 이론가로서뿐 아니라 투자가로도 성공한 인물이다. 그레이엄의 투자 원칙을 요약하면 아래와 같다.

1. 투자와 투기를 구별하라.
2. 주당 가치보다 낮은 저평가주에 투자하라.
3. 여러 종목을 매수하여 분산 투자하라.
4. 성장주로 알려진 주식을 조심하라.
5. 첨단 기술주 투자는 피하라.
6. 안전 마진을 확보하라.

이와 같이 그레이엄은 철저한 가치분석을 통해 저평가된 기업과 그렇지 않은 기업을 분명히 구분하여 투자했으며 계량적인 방법을 주로 사용했다. 그의 투자 방식을 따르면 여러 종목에 분산하여 투자하는 부분이 중요한데, 정량적 기준만으로는 회사의 잠재적인 문제점을 완벽하게 알아낼 수 없기 때문이었다.

그는 질적인 분석이나 향후 장기 성장 전망을 추정하기보다는 재무제표 분석에 집중했기 때문에 한두 종목에 집중해서 장기투자를 하기엔 어려운 면이 있었다. 따라서 여러 종목에 분산 투자하는 전략을 사용한 것이라 볼 수 있다. 이런 약점 때문에 그레이엄은 안전 마진 확보를 중요하게 여겼던 것이며 주식 매도 타이밍도 중요시한 것이다. 즉 철저히 저평가되었을 때 매수하였으며 저평가가 어느 정도 해소되었다고 판단되면 바로 매도하였다.

[04]
Personality
투자 원칙을 가져라

주가의 큰 흐름을 타라

주식시장은 단기적으로만 보면 투자자의 심리가 지배하는 것처럼 보인다. 특히 인터넷이 보급되면서 실시간으로 주가의 흐름을 생중계하기 때문에 예전에 비해 심리적으로 더 많은 영향을 받는다. 더구나 이제는 전 세계 금융시장과 주식시장이 국가 단위로 고립되고 단절된 것이 아니라 세계화를 통해 서로 영향을 주고 받으면서 그러한 경향은 더 심화되어 보인다.

사실 요즘 세상사를 가만히 들여다보면 사회의 모든 부분을 인간의 마음이 좌우한다는 것을 알 수 있다. 이전에 국민의 여론을 몇 개의 중앙지가 좌지우지하던 시절이 있었다. 그 신문사의 영향력이 엄청나서 밤의 대통령이라는 우스갯소리까지 나올 지경이었다. 그러나 이제는 인터넷이 있어서 세상사가 그때그때 실시간으로 중계되어 여론을 만들기 때문에 중앙지의 영향력은 갈수록 쇠퇴하고 있다.

따라서 지금까지와는 다른 방법으로 주식투자를 해야 한다. 변화란 단지 사회를 살아가는 외부의 현상만이 아니라 투자자에게도 요구되는 덕목이기 때문이다. 그러나 반드시 변화를 쫓아가는 것만이 옳은 것은 아니다. 사실 시시각각 변하는 주식시장에서 인간의 심리를 정확히 파악해서 투자를 한다는 것은 거의 불가능하다. 그렇다면 어떤 투자를 해야 하는 것일까?

첫째는 기본적으로 장기투자를 원칙으로 하고 상승장에서만 주식투자를 하는 것이다. 주가가 지속적으로 상승하는 상승장에서는 일시적으로 20일선을 하향 이탈했다가도 며칠 안 가서 바로 20일선 위로 회복된다. 그러나 만약 20일선 위로 회복하지 못하고 추가가 계속 하락하면 모든 종목을 매도하고 주식시장에서 빠져나오는 것이다.

둘째는 횡보장에서는 주식투자를 일절 하지 말아야 한다는 것이다. 일정한 박스권에서 주가가 오르락내리락할 때는 아예 주식시장에서 멀리 있어야 한다. 박스권 하단에서 사고 박스권 상단에서 팔면 되겠다고 생각할 수 있으나 그렇게 쪽집게처럼 맞추기는 현실적으로 거의 불가능하다. 횡보장 막바지에는 상승장으로 복귀하든지 하락장으로 내려가든지 하게 마련이다. 이런 상황이 종료될 때까지는 몇 개월이 흘러도 주식투자는 하지 말아야 한다.

셋째로 하락장에서는 하락이 종료되고 반등할 때 주식투자에 나서는 것이다. 하락이 진행되고 있을 때는 몇 개월이든 참아야 한다. 하락 구간에서는 가끔씩 반짝 상승하는 경우가 있는데 이런 유혹이 있어도 참아야 한다. 하락할 때 어쩌다 한 번씩 나타나는 베어마켓 랠리에 참여해서는 안 된다. 그곳의 열매는 하락장에서 손실을 본 투자자의 몫으로 돌려주어야 한다. 쉬는 것도 투자다. 확실하게 상승으로 전환이 될 때 주식투자에 나서야 한다. 이때 바닥을 예측하고 매수해서는 안 되며 바닥을 확인하고 매수에 나서야 한다.

투자자들은 '그렇다면 상승장, 횡보장, 하락장은 어떻게 정확히 알 수 있는가?' 하고 생각할 것이다. 하지만 평소에 시장을 크게 보는 습관을 갖고 있으면 이는 고민할 문제가 아니다. 상승장에서는 느리게 천천히 생각하면서 상승을 즐기고, 횡보장에서는 욕심을 억제하는 극기의 휴식 시간을 갖고, 하락장에서는 재빨리 도망쳤다가 바닥에서 큰 그물을 쳐놓고 기다리는 자세가 필요하다. 아울러 공포 분위기가 극도에 달했을 때가 주가가 가장 쌀 때이므로 매수하고, 모두가 환호할 때는 주가가 가장 비쌀 때이므로 매도하는 전략이 주식투자의 정석이다.

세상사 모든 일이 마찬가지지만 주식투자할 때도 자신만의 원칙을 정해 놓고 그대로 지켜야 하는데 그것은 참 어려운 일이다. 심지어 자신만의 매매 원칙이 없는 사람도 많다. 이런 사람은 아무 목표도 없이 하루하루를 허송세월하는 사람과 같다. 그렇게 해서 성공하는 사람을 본 적이 있는가? 원칙을 준수하는 것은 주식투자에서도 예외가 아니다.

그리고 한번 정한 매매 원칙은 특별한 일이 없는 한 반드시 지켜야 한다. 일관된 원칙을 지키고 살아온 사람이 결국은 성공하듯이 주식투자도 한번 정한 매매 원칙을 끝까지 고수한 사람이 결국은 성공한다. 그렇다고 해서 그 원칙을 가지고 시장을 이기려 해서는 안 된다. 여기서 매매 원칙이란 시장의 흐름 속에서 만들어진 매매 원칙을 말한다.

많은 이들이 시장을 이기려 든다. 하지만 그러면 그럴수록 시장은 더욱 낭패를 보게 한다. 이럴 때 투자자는 시장의 흐름을 관망하고, 시장에 올라타야 한다. 마치 서핑을 하듯, 파도의 흐름을 깨닫고 그 흐름에 몸을 맡기는 것이다. 고수들의 투자는 바로 이러한 시장의 흐름과 그 핵심을 꿰뚫어보는 능력에서 탁월함을 보인다. 그러기 위해서 인내와 통찰력은 필수이다.

사람들은 주식투자에 무슨 특별한 비법이 있는 줄 알지만 사실은 인생살이에서 성공한 방법이 있다면 그걸 그대로 주

식시장에 적용하면 된다. 인생에서 성공하는 방법과 주식투
자에서 성공하는 방법은 대부분 일치하기 때문이다. 인생에
서 성공한 사람은 인내심이 강하고 상상력이 풍부하며 그릇
이 크고 추진력이 있다. 주식투자도 마찬가지이다.

주식투자로 성공하려면 인내심은 필수이고 종목의 미래성
장 가능성에 대한 상상력을 가지고 되도록 멀리 내다보고 과
감하게 승부해야 한다. 이렇게 보면 결국 인생의 성공 원칙
과 같지 않은가? 지금 매매 원칙을 가지고 있지 않다면 우선
은 그것을 만들어라. 주위의 여러 이야기에 현혹되지 말고
무슨 일이 있어도 원칙을 꼭 지켜라.

잘못된 투자 습관은 빨리 바꿔라

우리가 아는 대부분의 주식투자 대가들도 처음에는 기술적 분석에 심취했다가 결국 그것을 버리고 기본적 분석으로 주식투자를 했다. 가치 투자로 유명한 워렌 버핏도 처음에는 차트를 보고 주식투자를 하거나 이런저런 소문에 의존한 투자를 하기도 했다고 한다. 그러다 20대에 벤저민 그레이엄이 쓴 《현명한 투자자》를 읽고 나서 가치 투자 방식을 선택하게 된다.

그리고 큰 감동을 받아 벤저민 그레이엄이 교수로 있는 컬럼비아 대학에 입학한다. 그곳에서 워렌 버핏은 가치 투자 이론을 배운 뒤 충실히 주식투자를 했는데 수년의 세월이 지나자 투자 경험을 통해 깨달음을 얻어 투자 방법을 또 바꿨다고 한다.

데이비드 클라크와 메리 버핏이 쓴 《워렌 버핏 투자 노트》
에 그 이야기가 나온다.

벤저민 그레이엄은 장기적인 기업 가치와는 상관없이 장부 가
치 이하로 거래되는 저가 주식에 투자하는 전략을 구사했다. 그
리고 그의 영향을 받은 버핏 역시 비슷한 투자 전략을 구사했
다. 버핏은 이러한 가치 투자로 1950년대와 1960년대 초까지
큰 이득을 봤던 차였다. 그리고 이 전략이 더 이상 먹혀들지 않
았음에도 오랫동안 이 투자 습관을 유지했다. 요컨대 습관이라
는 사슬의 무게를 느끼지 못한 것이다.

버핏은 1970년대 말이 돼서야 비로소 벤저민 그레이엄의 가
치 투자 전략이 먹히던 시대는 끝났다는 사실을 깨달았다. 그래
서 우량주 혹은 성장주를 적정 가격에 매수해서 오랜 기간 보유
하는 것으로 투자 전략을 수정했다. 버핏은 벤저민 그레이엄의
투자 전략으로 백만장자가 되었지만, 자신의 새로운 전략으로
억만장자가 되었다.

– 데이비드 클라크 · 메리 버핏, 《워렌 버핏 투자 노트》, 국일미디어

워렌 버핏이 투자 방법을 바꾼 것은 필립 피셔가 쓴 《위대
한 기업에 투자하라》를 읽고 난 후였다. 그는 이 책을 읽고
필립 피셔를 찾아갔다. 그 후 드디어 워렌 버핏은 중대형 우

량주 혹은 성장주를 매입하게 된다. 그래서 지금도 워렌 버핏은 벤저민 그레이엄에게서 85%의 영향을 받았고, 필립 피셔에게서 15%의 영향을 받았다고 고백하고 있다.

요즘 잣대로 알기 쉽게 이야기하면, 벤저민 그레이엄은 기본적 분석 중에 철저히 정량적 분석에 치중한 투자 이론가이고, 필립 피셔는 기본적 분석 중에 정성적 분석에 치중한 투자 이론가이다. 벤저민 그레이엄은 기업의 재무적 숫자를 중요시하고 필립 피셔는 회사의 사업 내용을 중요시하는 대표적인 인물이다.

이런 투자 순서는 주식투자의 정석으로 꼽힌다. 기술적 분석은 주식투자의 기초이자 기본이므로 꼭 알아야 한다. 그러나 주식투자로 성공하려면 기술적 분석 단계를 지나 기본적 분석인 정량 분석으로, 그 후에는 점차 정성 분석으로 투자의 무게 중심을 옮겨 가야 한다.

주식투자는 짧은 기간에 하고 말 일이 아니라 한평생을 두고 해야 할 사업이다. 따라서 사업가적인 마인드를 가지고 투자에 접근해야 한다. 최고 경영자는 신규 사업을 추진할 때 재무회계적인 자료를 기초로 미래를 상상해서 의사 결정을 한다. 투자자들도 정보의 M&A를 통해 많은 정보를 습득한 후 지식 M&A를 통해 상상력을 키워 투자를 해야 한다.

이미 공개된 차트만으로 주식투자를 하는 것은 패를 다 보여 주면서 고스톱을 치는 것과 같다. 그러나 그렇게 해서는 절대 수익이 날 수 없다. 투자의 전문가인 기관과 외국인들은 개인 투자자들의 패를 다 보고 있는데 차트만 보고 매매한다면 그 게임에서 이길 수 있겠는가? 그들은 차트 매매를 하지 않는다. 오히려 이를 이용해 개인 투자자들을 공포의 도가니로 몰고 가 싼 값에 살 기회를 호시탐탐 엿보고 있다.

또한 차트만 의지하는 것은 프로 바둑 기사와 대국하면서 정석대로만 바둑을 두는 것과 다를 바 없다. 프로 바둑 기사는 절대로 정석대로만 바둑을 두지 않는다. 그들은 다른 사람이 다 아는 방법으로는 게임에서 이길 수 없다는 사실을 안다. 그래서 그들은 정석대로 바둑을 두지 않고 새로운 방법으로 응수하는 것이다.

결국 성공 투자의 해답은 이미 공개된 기업의 사업 내용을 읽고 또 읽고, 생각하고 또 생각해서 그 회사의 잠재 능력을 찾아내는 것이다. 이것은 정보의 영역을 넘어서는 지식의 영역이고, 창조의 영역이며, 상상력의 영역이다. 어떤 기업이 앞으로 꾸준히 성장·발전할 것인가를 상상력을 동원해서 찾아내야 한다. 주식투자는 정보, 지식, 창조, 상상력을 가지고 하는 종합 예술이기 때문이다.

여기서 개인의 판단과 철학이 개입한다. 투자를 하는 모든 이들이 판단과 철학을 가지고 있다. 바로 그러한 투자자들의

판단과 철학이 진검 승부를 하는 곳이 주식시장이다. 내 판
단과 철학이 허점을 보이는 순간, 상대의 검은 그 틈을 비집
고 들어온다. 그렇기에 항상 수련하고, 배우고, 익혀서 그 허
점을 보완해야 하는 것이다.

03

약세장 투자에도 원칙이 있다

약세장이 되면 투자자는 괴롭다. 날마다 혹시나 하는 마음으로 컴퓨터를 쳐다보지만 내가 투자한 종목이 기분 좋게 오르는 경우는 좀처럼 드물기 때문이다. 주식시장이 약세장이되는 이유는 여러 가지가 있지만 그중 가장 큰 영향을 미치는 것이 경기 침체이다. 주가는 경기보다 6개월 정도 선행하기 때문에 경기 침체가 현실화되기 전에 이미 주가는 하락하기 시작한다.

그런데 경기 침체를 예상해서 주가가 하락하는 초기에는 이것을 눈치채는 투자자가 매우 드물다. 더구나 개인 투자자라면 이런 상황을 예측하기가 더욱 어렵다. '이제 조금 있으면 반등하겠지' 하고 방심하는 사이, 주가가 밀려서 손절매할 기회를 놓치기도 한다. 주식투자를 타이밍의 예술이라고 부르는 경우가 바로 이런 때다.

경기가 침체되면 기업 실적이 나빠질 것으로 예상되기 때문에 주가는 내려가게 마련이다. 그리고 경기 침체가 계속되면 소비가 위축되어 기업은 생산을 줄이게 된다. 그렇게 되면 중앙은행은 금리를 내려서 유동성을 공급하여 소비를 진작시키는 경기 회복 정책을 취한다. 그런데 금리를 낮춰서 경기를 회복시키는 정책은 환율이 인상(화폐 가치 하락)되기 때문에 환투기 세력에게 작전의 빌미를 줘서 물가를 올리는 부작용을 초래한다. 결국 물가 인상은 금리 인하 효과를 상쇄시켜서 경기 부양 정책의 발목을 잡는다.

그런데 경기 침체로 기업이 생산을 줄이면 결국 공급이 축소되어 제품 가격이 오르게 된다. 이런 과정을 거쳐 기업들은 자연스럽게 생산 활동을 활발히 하게 되어 경기가 살아나게 된다. 물론 정부는 그냥 지켜보는 것이 아니라 다양한 방법을 동원해서 경기 부양을 추진하기도 한다.

이런 약세장에서 개인 투자자들은 투자를 하지 않는 편이 오히려 낫다. 앞에서도 이야기했지만 약세장에서 가끔씩 나타나는 베어마켓 랠리(약세장의 일시적 상승)에도 참여하지 말아야 한다. 이런 구간에서 이익은 약세장에서 손실을 본 투자자의 몫으로 그냥 남겨 놓아야 하는 것이다.

그러나 대부분의 개인 투자자들은 일 년 내내 주식투자를 하는 것을 아주 당연하게 생각한다. 그럴 필요가 없는데도 말이다. 개인 투자자들은 상승장에서만 투자하고 약세장에서는 쉬어야 한다. 매일 주식투자를 한다고 해서 돈을 벌 수 있는 것은 아니다. 이렇게 시장이 안 좋을 때는 쉬는 것이 답이다. 아무리 기초 체력이 튼튼한 대형 우량주라도 대외적 변수에서 자유로울 수 없기 때문이다. 장이 좋을 때야 기업 가치만큼 평가를 받을 수 있겠지만 장이 나쁘면 제값을 받지 못하는 것은 당연하다. 주가는 시장과 보조를 맞춰 오르고 내리기 때문이다.

그러나 이러한 위기에서도 역사적으로 위대한 투자자는 동물적 감각으로 기회를 찾아냈다. '영혼이 있는 투자자' 존 템플턴이 그랬다. 그는 직장을 구할 때는 앞날이 확실해 보이는 업종을 찾고 공장을 짓는다면 향후 최고의 입지 조건을 갖춘 곳을 원하게 마련이라고 지적하면서 주식시장에서 투자의 기회를 찾는다면 그 반대로 해야 한다고 주장했다.

보통 사람들이 주식투자를 할 때 유망 업종이 무엇인가를 생각하면서 투자를 하는 데 비해 존 템플턴은 현재 최악의 업종이 무엇인가를 찾아서 그 업종에 투자하여 큰 수익을 거두었다. 일종의 역발상 투자인 것이다. 그는 가능하면 기업의 가치에 비해 주가가 형편없이 낮을 때 주식을 사야 하며 이처럼 싸게 살 수 있는 기회가 오는 것은 단 한가지 요인 때문이라고 말했다. 즉 정상적인 가격보다 싸게 사려면 대부분의 사람들이 공포에 사로잡혀 비관론에 빠져 있을 때 사야한다는 것이다. 존 템플턴이 약세장에서 어떤 투자를 했는지알아보자.

존 템플턴은 1939년 9월, 독일이 폴란드를 침공했다는 소식을듣자 제2차 세계대전이 불가피하다는 확신을 가졌다. 그는 지금까지 투자의 세계가 어떻게 전쟁에 반응했는지를 공부해 두었고여기에 기초해 판단할 때 전시에는 생산성이 가장 떨어지는 기업조차 회생할 수 있는 기회가 주어진다는 사실을 알아냈다. 일단 전쟁이 시작되면 가격과는 상관없이 수요가 엄청나게 늘어나기 때문이었다.

그래서 존은 뉴욕 증권거래소에 상장돼 있는 주식 가운데 주당 1달러 미만으로 거래되는 모든 종목을 100달러씩 매수하기로 했다. 이 같은 모험에 필요한 자금을 충당하기 위해 그는 페너&빈에서 자신의 상사였던 딕 플랫으로부터 1만 달러를 빌렸다. 존은 주식시장이 전쟁 특수를 타고 상승할 것이라는 자신의예상이 그대로 들어맞을 것이라고 확신하고 있었다.

딕 플랫은 존의 제안에 동의했다. 하지만 존이 매수하겠다고한 1달러 미만의 주식 104개 종목 가운데 37개가 이미 부도가난 상태라며 투자를 말렸다. 존은 그러나 부도 여부와 관계 없이 104개 종목을 모두 매수해 달라고 말했다. 플랫에게는 존의 이 같은 투자가 매우 위험해 보였지만 결국 존이 매수한 104개 종목 가운데 최종적으로 파산한 것은 4종목에 불과했다.

존은 1년 만에 플랫에게 빌린 돈을 모두 갚았다. 마침내 이 주식들은 4년 정도 보유한 뒤 모두 팔았는데 그가 처음 투자했던 1만 달러는 4만 달러 이상으로 불어나 있었다.

– 로버트 허만 《존 템플턴 (월가의 신화에서 삶의 법칙으로)》, 굿모닝북스

물론 약세장에 남아 있는 투자자는 고통스러울 수 있다. 그럴 때는 필립 피셔의 이야기를 들으면서 조금이라도 위안을 삼기 바란다.

정말로 뛰어난 기업을 발굴했다면 주식시장이 천장과 바닥을 오가며 출렁거리는 동안에도 계속 보유하는 것이 쌀 때 사서 비쌀 때 팔기 위해 온갖 주식을 매매하는 것보다 훨씬 많은 사람들에게 더 큰 투자 수익을 가져다주었다.

역사적으로 보면 최고의 수익을 올린 투자자는 행운이 따라주었든 뛰어난 감각을 갖고 있었든 간에 오랜 기간에 걸쳐 매출액과 순이익이 전체 산업 평균보다 훨씬 높게 성장한 소수의 기업을 찾아낸 사람들이었다.

빼어난 성과를 보이는 주식을 약세장이 임박하다고 해서 절대

로 팔면 안 되는 이유가 또 하나 있다. 주식을 매수한 기업이 정
말로 올바른 회사라면 다음 강세장에서는 틀림없이 이전에 기록
한 고점을 넘어선 신고가를 기록할 것이기 때문이다.

– 필립 피셔, 《위대한 기업에 투자하라》, 굿모닝북스

04

자신만의
이동 평균선 매매를
활용하라

기술적 분석으로 주식투자를 해야 할 때, 필자는 대체로 20일선 매매를 하라고 권한다. 20일선 위에 10일선이 있고 또 그 위에 5일선이 있는 것을 우리는 지수가 정배열되었다고 이야기하는데, 이런 경우를 일반적으로 상승장이라고 한다. 상승장에서만 주식투자를 하라고 권하는 것이다. 이는 지수가 정배열된 상태에서 잘 오르다가 여러 가지 이유로 20일선을 하향 이탈하면 이유 없이 전 종목을 매도하고 나오는 것을 말한다.

시장의 상승 추세가 훼손되지 않은 경우는 20일선을 하향 이탈하고 점차 20일선 위로 올라온다. 이럴 때 즉 20일선 위로 올라오는 모습을 보고 다시 매수하면 된다. 그런데 하락 추세가 지배하는 시장에서는 지수가 상당히 오랫동안 20일선 아래 놓여 있게 마련이다. 이때는 무슨 일이 있어도 매수하지 않는 것이 좋다. 몇 주, 몇 달이 돼도 주식투자를 하지 않고 지내야 한다. 그러다 수개월이 지난 후 20일선 위로 다시 지수가 올라오면 그때 매수를 한다. 이런 식으로 20일선 매매를 하면 손실은 거의 없고 상승 열매만 고스란히 따먹을 수 있다.

그러나 대부분의 사람들이 이렇게 하지 못한다. 욕심과 공포심 때문이다. 투자자들은 '지수가 20일선을 깨고 내려가도 조금 있으면 괜찮겠지' 하는 욕심에 매도를 하지 못한다. 그리고 20일선 아래에서 아주 가끔씩 지수가 상승해도 그놈의 욕심 때문에 매수에 동참했다가 보란 듯이 하락장을 만나고 마는 것이다.

그러다가 정작 바닥을 쳤을 때에는 공포에 질려서 매수를 못하고 머뭇거린다. 그 사이에 며칠이 훌쩍 지나간다. 그러고 나서 부랴부랴 따라가면 지수가 너무 올라 버려서 또 한 방 얻어맞는다. 이렇듯 기술적 분석으로 매매를 하는 것은 아주 어렵다. 그렇기 때문에 대부분의 사람들은 하락을 하건 상승을 하건 구경만 한다.

기술적 분석은 기본적 지표와 보조 지표로 나눌 수 있다. 이 두 부분을 나누어서 생각해 보자. 기본적 지표는 봉 차트 모양, 이동 평균선의 모습 그리고 거래량이 있다. 이 세 가지는 기술적 분석 중에서도 기본이 되는 지표이다. 기술적 분석으로 투자를 하려는 사람은 이 지표를 연구하면 된다. 시중에 나와 있는 책을 사서 보면 공부하는 데도 도움이 될 것이다.

다만 기술적 분석에 의해서 주식투자를 하는 것은 기본적으로 단기투자의 방법이므로 장기투자를 하는 데는 이런 기법들이 도리어 방해가 된다는 사실을 알아야 한다. 주식투자를 하는 데 도움을 주는 보조 지표는 대략 50가지가 넘는다고 한다. 일반적으로 많이 사용하는 보조 지표는 스토캐스틱, MACD, 일목균형표, 볼린저 밴드 그리고 외국인과 기관의 거래 동향 등이 있다.

외국인과 기관의 거래 동향을 제외한 나머지 보조 지표는 말 그대로 보조 지표이므로 투자할 때 참고만 해야 한다. 일부 사람들은 보조 지표를 무슨 신주 단지 모시듯 하는데 그것은 잘못된 투자 습관이다. 특히 개인 투자자들이 보조 지표를 맹신하는 경우가 많은데 그 이유는 TV나 인터넷에 소위 주식투자 전문가라는 사람들이 나와서 주가를 설명할 때 이런 보조 지표를 이용하기 때문에 그런 잘못된 생각을 갖게 된 것이다.

일부 사람들은 보조 지표가 아주 잘 들어맞는다고 생각하는 경우가 많은데 그런 때는 주가가 지속적인 상승장일 때이다. 그러나 주가가 지속적인 상승장일 때는 이런 보조 지표 자체가 필요 없다. 그냥 사놓기만 해도 오르기 때문이다.

주가가 횡보하거나 하락장일 때는 이런 보조 지표가 무용지물이다. 어떤 장이 되든지 어쩌다 가끔씩 신기하게 맞히는 경우도 있기는 하다. 그것 때문에 보조 지표를 맹신하는 습관에서 벗어나지 못하는 것은 결코 옳지 않다. 결론은 기술적 분석으로 주식투자를 할 사람은 봉 차트 모양을 알고, 외국인과 기관의 매매 동향과 거래량을 참조하며, 이동 평균선 매매를 기본으로 하면 충분하다.

기본적 분석으로 주식투자하는 사람들이 주장하는 말을 한마디로 요약하면 '저평가 우량주에 장기투자하라' 이듯이 기술적 분석으로 주식투자하는 요령을 한마디로 요약하면 '이동 평균선을 이용한 매매를 하라' 이다. 기술적 분석으로 주식투자 방법에 대해서는 수많은 사람이 수많은 말을 쏟아내고 있으나 한마디로 핵심을 요약하면 위에 언급한 내용이 전부다. 여기에 인간의 욕망과 공포심이 더해지면 혼란을 가져올 뿐이다.

다음은 개인 투자자들이 많이 이용하는 기술적 보조 지표들이다. 이런 지표들을 단기 매매에 지나치게 이용하지 말고 큰 추세와 흐름을 이해하는 데 이용하기 바란다.

스토캐스틱

주어진 기간에 움직인 가격 범위에서 현재 가격이 어디에 위치하고 있는지를 알려 주는 지표이다. 상승 추세에서는 스토캐스틱 값이 상한선인 100에 가까워질수록 과매수권에 진입하고 있음을 알려 주고, 하락 추세에서는 스토캐스틱의 값이 하한선인 0에 가까워질수록 과매도권에 진입하고 있음을 알려 준다.

보통은 스토캐스틱이 80 이상의 값을 보이면 과매수권에 진입한 것으로 보아 매도 관점으로 접근하고 20 이하이면 과매도권 진입 신호로 인식해 매수 관점으로 대응한다. 즉 시장 가격이 과매수 상태에 들어서면 하락 반전 확률이 높아지고 과매도 상태에 들어서면 상승 전환의 확률이 높아지는 원리를 이용하는 것이다.

그러나 스토캐스틱의 값이 과열권에 들어섰다 해도 반드시 정점 내지 저점을 찍었다고 확신할 수는 없다. 왜냐하면 상승 추세를 보일 때는 계속 과매수권에 있을 수 있고 하락 추세를 보일 때는 과매도권에 오랫동안 있을 수 있기 때문이다. 따라서 본격적인 추세 전환을 예측하기 위해서 과매수권에서는 스토캐스틱이 고점을 하향 이탈하는 흐름인지 확인하고, 과매도권에서는 스토캐스틱이 저점을 상향 돌파하는 흐름인지를 반드시 확인해야 한다.

MACD

MACD는 이동 평균선을 활용하여 주가의 추세를 나타내주는 보조 지표이다. 이 지표는 장기 이동 평균선과 단기 이동 평균선이 서로 멀어지면 다시 가까워지는 성질을 이용해 두 이동 평균선이 가장 멀어지는 시점을 찾는 것이다.

MACD는 두개의 선으로 구성되어 있다. 하나는 단기 이동 평균선과 장기 이동 평균선의 차잇값을 나타내는 MACD선이고 다른 하나는 MACD선을 다시 이동 평균한 시그널선이다. 일반적으로 MACD는 12일 이동 평균선에서 26일 이동 평균선을 뺀 값으로 산출되며 시그널은 MACD 지수 이동평균을 사용한다. MACD를 이용한 매매 시점은 MACD선이 기준선인 0도가 시그널선을 상향 돌파하면 매수 신호요, 하향 이탈하면 매도 신호이다.

볼린저 밴드

이는 주가가 이동 평균선을 중심으로 일정한 크기를 가지고 상승과 하락을 반복한다는 전제로 만들어진 지표이다. 특히 변동성을 중시했다는 점에서 추세 파악이 용이하다는 장점을 가지고 있다. 볼린저 밴드는 이동 평균선을 중심으로 표준편차 범위에 따라 상단선, 기준선, 하단선으로 구분된다. 상단선은 주가의 이동평균에서 표준편차에 적정 배수를 가산한 가격을 말하고 하단선은 감산한 가격을 말한다.

볼린저 밴드는 수축, 확장, 진입 국면을 반복하여 움직이는 특성을 가지고 있다. 수축 국면이란 주가의 변동성이 적은 상황에서 나타나는 과정으로, 조만간 주가가 큰 폭으로 상승 또는 하락할 것을 예고한다.

확장 국면은 보통 수축 이후에 나타나는 과정으로 수축 국면에서 응축한 에너지를 분출하는 시점이다. 즉 횡보 추세 이후 본격적인 추세 전환을 하는 시점이며 우상향으로 전환될 경우에는 적극 매수 시점이다. 반면 하락 추세로 전환될 경우에는 적극 매도 시점이 된다.

진입 국면은 확장 국면 이후 나타나는 과정으로 주가와 기준선과의 이격이 커진 상황에서 머지않아 이격이 좁아질 것을 예고한다. 상승 추세에서는 추가 상승을 위한 숨 고르기 과정으로 볼 수 있고 하락 추세에서는 단기 기술적인 반등으로 볼 수 있다.

주가가 밴드 상단선을 돌파한 경우에는 상승 추세로의 전환 신호로 적극 매수 타이밍이 되고 주가가 밴드 하단선을 이탈한 경우에는 하락 추세로의 전환 신호로 적극 매도 타이밍이 된다.

자신만의
매수·매도 타이밍을
가져라

기술적 분석 지표인 차트에 관한 정보는 꼭 알아야 하지만 이것에 지나치게 매달리면 안 된다. 차트는 시장을 크게 보고 추세를 판단하는 데 참고만 해야 한다. 차트를 보고 도대체 지금 시장이 어떻게 흘러가고 있는지 큰 흐름만 보면 된다. 그러기 위해서는 자잘한 시장 변화에 매일매일 마음을 쓰지 말아야 한다. 그렇게 해서는 주식시장에서 용돈 정도는 벌 수 있을지는 몰라도 큰돈을 벌수는 없다. 명심하고 또 명심할 일이다.

주가가 너무 많이 올라 모든 사람이 환호할 때 매도하고 현금을 확보하고 있다가 주가가 대폭락해서 모든 사람이 공포에 질려 있을 때 기존 보유 종목을 다시 매수한다면 큰 수익으로 보답받을 것이다. 이때 중요한 것은 기존에 보유하고 있던 종목을 버리고 새로운 종목으로 주식 쇼핑에 나서지 말아야 한다는 것이다. 한번 믿고 매수한 종목은 기업 자체에 문제가 없는 한 버려서는 안 된다. 대폭락과 대폭등은 1년에 한두 번 오는 기회이므로 매매는 1년에 한두 번만 하면 될 것이다.

다음은 일반적으로 인정받고 있는 매수 매도 타이밍을 잡는 방법들이다. 이 중에서 자기에게 맞는 방법을 골라서 이용하면 된다.

매수 타이밍

주가가 하락을 멈추고 반등 후 다시 전저점 부근까지 조정을 받으면서 쌍 바닥 모양을 만들었을 때 또는 전저점을 이탈하지 않고 상승 전환하는 시점이 매수 찬스이다. 세 번의 저점 지지 후 상승하는 패턴으로 상승 전환 시점도 매수 급소이다. 또한 지수가 하락하다가 지지와 저항을 반복하다 저항선을 강하게 돌파하는 시점이 되면 매수 타이밍이 된다.

또한 바닥권에서 단기 골든크로스가 발생하고 다시 하락하지만 전저점을 이탈하지 않고 상승 반전하면서 두 번째 중단기 골든크로스 발생 후 상승한다면 적극 매수에 동참하는 것이 좋다. 주가가 바닥권에서 거래량이 증가하면 상승 가능성이 많다고 해석한다. 이는 주가가 싸다고 생각하고 신규 매수에 참여하는 사람이 많다는 뜻이다.

주가가 장기간 크게 하락하다가 일정한 시점 안에서 같은 기준선을 두고 상승과 하락을 반복하면서 삼중 바닥을 만들면 대세 상승을 예고하는 대표적인 패턴이다. 세 번째 상승 시도에서 전고점을 돌파하면 강세장의 출발점으로 해석된다. 이러한 패턴이 진행되는 과정이라면 1차 매수 급소는 전 저점을 지지하는 시점이며 2차 강력 매수 급소는 전고점을 돌파하는 시점이다.

바닥에서 3일 동안 양봉이 연이어 출현하는 적삼병이 나타나면 주가가 장기간의 하락 추세를 벗어나 상승으로 전환되는 중요한 신호로 해석할 수 있다. 또한 상승 추세라면 상승의 지속을 알리는 중요한 신호이다. 적삼병 패턴은 신뢰도가 매우 높으며 바닥권에서 출현했을 경우 강력한 매수 급소가 된다.

역헤드앤숄더형은 헤드앤숄더형을 거꾸로 뒤집어 놓은 형태로 대부분 오랫동안 하락이 진행된 후에 추세 전환 시 출현한다. 헤드앤숄더형이 상승 추세에서 하락 추세로 반전할 때 나타나는 것과 마찬가지로 역헤드앤숄더형이 완성되면 하락 추세에서 상승 추세로 반전할 가능성이 높다.

이러한 추세들은 오랜 시간 동안 사람들의 경험을 통해 만들어진 것들이다. 그렇다고 직접 적용했을 때 반드시 투자의 성공을 의미하는 것은 아니다. 따라서 자신만의 매수 타이밍을 쌓기까지 참고하여 적용해볼 일이다.

매도 타이밍

주가가 지속적으로 상승하다가 두 번의 고점을 형성한 후 추가 상승하지 못하고 하락으로 전환하는 시점이 매도 급소이다. 세 번의 고점 테스트가 실패하는 시점도 매도 기회이다. 또한 상승과 하락을 반복하던 주가가 하단 지지선을 이탈하는 지점이 매도 찬스다. 주가 상승 후 고가권에서 데드 크로스 발생은 주가의 방향이 향후 하락으로 전환된다는 것을 예고하므로 매도로 대응한다.

주가가 고가권에서 거래량이 증가하면 하락할 확률이 높다. 이는 주가가 비싸다고 생각해서 매도하려는 사람이 많다는 뜻이다. 주가가 고가권에서 세 번의 천장 모습을 만들고 추세가 꺾이면 대세 하락을 예고하는 대표적인 패턴으로 세 번째 상승 시도에서 전고점을 돌파할 경우 강세장의 출발점으로 해석된다. 실패한다면 약세장의 시작으로 해석된다. 이 패턴이 진행되는 과정이라면 1차 매도 급소는 전고점을 돌파하지 못하고 하락하는 시점이며, 2차 강력한 매도 급소는 전저점을 이탈하여 하락할 때이다.

고가권에서 음봉 세 개가 잇달아 나타나면서 주가가 계속

해서 전일의 저가보다 더 낮은 가격으로 마감하면 흑삼병이라고 해서 추가 하락될 확률이 높다. 이는 매수세가 실종되었음을 나타낸다. 바닥권보다는 고가권에서 나타날 경우 향후 급락에 가까운 하락세가 진행될 우려가 매우 높다고 볼 수 있다.

헤드앤숄더형은 고점 세 개를 형성한 후 추가 상승하지 못하고 주가가 하락하는 전형적인 반전형 패턴으로 보통 수개월에 걸쳐 만들어진다. 가운데 고점을 머리라 하고 양쪽 고점을 어깨라 하며 머리 부분이 양쪽 어깨보다 더 높게 형성된다. 이 패턴이 완성되었을 경우 중기적인 하락을 예상할 수 있다. 이 형태는 신뢰도가 높기 때문에 오른쪽 어깨에서 추세를 하향 이탈할 경우 매도하여 추가 위험으로부터 벗어나야 한다.

이 역시 매수 때와 마찬가지로 절대적인 것이 아니다. 그저 자신의 원칙이 만들어지기까지 참고로 사용해볼 수 있을 뿐이다. 따라서 자신의 원칙이 만들어졌다면 이는 무용지물일 수 있다. 물론 자신의 원칙을 이기는 어떠한 다른 것은 존재하지 않는다.

개성 있는 투자 원칙을 고수한 오마하의 현인, 워렌 버핏의 투자법

워렌 버핏은 젊은 시절, 벤저민 그레이엄이 쓴 책의 열렬한 독자였고 그 후 컬럼비아 대학교 경영 대학원에 입학해 그의 제자가 되었다. 졸업 후에는 그레이엄의 회사에서 일하기도 했다. 버핏이 "나의 85%는 그레이엄이다"라고 말할 정도로 그레이엄에게 받은 영향은 아주 컸다. 또한 필립 피셔에게도 영향을 받아 "나의 나머지 15%는 필립 피셔이다"라고 말했다.

워렌 버피은 처음 주식투자의 세계에 발을 내딛었을 무렵 자신의 스승인 그레이엄의 투자 이론을 따르고자 했다. 그러나 투자 수익률이 형편없었다. 결국 다시 조사해 보니 그레이엄의 투자 이론을 따라 싸게 매수한 주식은 그 기업의 사업 자체가 이미 내리막길에 접어들어 시장에서 외면받고 있다는 것을 알게 됐다.

그래서 1960년대 들어 그는 또 한 명의 스승인 필립 피셔의 책을 열심히 공부하기 시작했다. 그 후 피셔의 투자 이론에 따라 질적으로 우수한 기업이라면 주가가 비싸더라도 매수해야 한다는 것을 알게 됐다. 또 기업에 투자할 때 최고 경영자의 능력이 매우 중요하며 해당 기업을 정확히 파악하려면 그 회사뿐 아니라 경쟁 업체들도 모두 조사해야 한다는 것도 배웠다.

실제로 1960년대 이후 그가 매수한 아메리칸 익스프레스나 워싱턴 포스트, 보험회사 키에코, 코카콜라 등은 모두 그레이엄의 투자 이론과는 거리가 먼 기업들로, 주가가 기업의 장부 가치보다 훨씬 비싼 주식들이었다. 버핏이 이들 종목에 거액을 투자해 대성공을 거둘 수 있었던 것은 다름 아닌 피셔로부터 배운 '질적 분석' 덕분이었다.

워렌 버핏은 지난 13년간 세계 최대 갑부였던 마이크로소프트 사의 빌게이츠 회장을 제치고 620억 달러의 재산을 보유하여 2008년 포브스 선정 세계 최대 갑부에 올랐다. 워렌 버핏은 기업을 창업한 적도 없고 기업을 직접 경영해 본 적도 없다. 오직 주식투자만으로 세계 최고의 부자가 된 사람이다.

그레이엄이 정량적 기준을 가지고 여러 종목에 분산 투자했다면 버핏은 우량 주식에 장기투자를 하는 방식으로 가치투자를 발전시킨 인물로 평가받고 있다. 그는 사업의 독점성

을 가지고 있으면서 안정적으로 수익을 내는 기업이 저평가
될 때, 그 주식을 매수하여 장기 보유하라고 말한다.

버핏은 스승인 벤저민 그레이엄으로부터 가치 분석, 가치
와 주가의 차이 구분 그리고 안전 마진 확보에 대한 원칙을
배웠다. 또 다른 스승인 필립 피셔로부터는 위대한 기업의
성장 가치에 투자해야 한다는 원칙을 배웠다. 그리고 이후에
는 나름의 투자 철학을 정립했다. 그렇다면 버핏은 어떠한
투자 원칙을 가지고 투자를 했을까? 그의 투자 원칙을 요약
하면 다음과 같다.

1. 절대로 돈을 잃지 마라.
2. 제1 원칙을 절대 잊지 마라.
3. 주식을 산다는 것은 기업의 일부를 산다는 의미임을 기
   억하라.
4. 대부분의 투자자는 다른 투자자들이 관심을 보일 때 덩
   달아 관심을 보인다. 그러나 정작 관심을 가져야 할 때
   는 아무도 관심을 두지 않을 때다. 한창 인기 있을 때
   사들이면 큰돈을 벌기 어렵다.
5. 기본적인 경쟁력을 갖춘 기업 그리고 정직하고 유능한
   경영자가 운영하는 우량 기업을 골라 적정 가격에 매수
   하라.

6. 일시적인 문제로 우량 기업의 가치가 과소평가될 때가 바로 최적의 투자 시점이다.

7. 기업의 장기적 가치를 보고 주식을 구매하는 투자자에게 시장의 불확실성은 오히려 좋은 친구이다.

8. 주식시장이 10년간 문을 닫아도 불안해하지 않고 보유할 수 있는 종목을 선택하라.

[05]

Leisure&Fun

마음을 다스리고 즐겨라

주식투자는
마음에 대한 투자이다

몇 년 전에 소위 말하는 블루칩 지역에 아파트를 샀는데 6개월 정도 지나자 매입가 이하로 떨어진 일이 있었다. 그때는 굉장히 절망스러웠는데, 퇴근길에 집 앞의 복덕방에 가끔씩 들러 사장과 함께 커피를 마시면서 이야기를 나누곤 했었다. 그러나 얼마 지나지 않아서 가격이 조금씩 오르더니 어느 시점에는 매입가보다 훨씬 오르는 것이었다. 결국은 높은 가격으로 아파트를 팔고 이사를 했다.

부동산 시세도 인터넷에 올라 있기 때문에 많은 사람이 자기 아파트 가격은 알고 있다. 그러나 매일 인터넷을 뒤져서 '내가 살고 있는 아파트가 오늘은 얼마나 올랐나?' 하면서 찾아보는 사람은 거의 없다. 부동산은 주식처럼 시시각각 시세가 변하는 것이 아니기 때문이다. 게다가 대부분의 부동산은

3년 이내에 팔면 많은 양도소득세를 부담해야 하기 때문에 그 이후에 팔 생각을 하기 때문이다. 그래서 부동산 소유자들은 가격이 변동하는 것을 비교적 느긋하게 지켜보고 있는 것이다.

물론 주식투자를 할 때 신용을 보증으로 주식을 매입한 사람들처럼 은행에서 지나치게 큰 돈을 대출받아 부동산을 산 사람들은 가격 변화를 민감하게 생각하기도 한다. 그러나 은행 대출 금액이 적거나 자기 돈으로 부동산을 매입한 사람들은 가격의 변화에 그렇게 큰 반응을 보이지 않는다.

이와 반대로 주식투자를 하는 대부분의 사람들은 인터넷에서 하루도 눈을 떼지 못한다. 단 하루라도 시세 변화를 확인하지 않는 날이 없다. 주가가 지속적으로 떨어지면 불안과 공포가 밀려온다. 평소에 중심을 잘 잡고 주식투자를 하던 사람도 이때는 마음이 흔들리거나 혼란에 빠진다. 더욱이 일부 사람들은 하락 구간이라는 것을 알면서도 혹시나 그동안의 손실을 일시에 만회할 생각으로 신용 대출 자금을 과도하게 받다가 더 큰 손실을 보기도 한다.

주가가 기업 실적과 비례한다고 굳게 믿으면서 실적이 우량한 주식을 매입했던 투자자도 주가가 지속적으로 하락하면 마음 잡기가 힘들다. '도대체 이번 하락은 언제 멈출까? 이제라도 손절매해야 하나? 개인 투자자들이 투매에 동참하

면 바닥이라는데 이제 바닥에 왔나?' 하는 이런 저런 생각에
밤잠을 설치기 일쑤다.

기본적으로 주가는 경기의 변화, 기업의 실적 그리고 투자
자들의 심리에 크게 영향을 받는다. 경기는 객관적인 사실이
므로 우리가 통제할 수 없다. 단지 우리는 주어진 자료를 이
용하여 앞으로의 경기 흐름을 예측할 뿐이다. 기업의 실적
역시 경기에 따라 많은 영향을 받기 때문에 이 또한 통제할
수 없는 영역이다.

그러나 투자자의 마음은 기본적으로 자신의 문제이다. 그
래서 그것은 통제가 가능한 요소이다. 주식투자를 하는 사람
들이 특히 마인드 컨트롤에 능해야 하는 이유가 거기에 있
다. 만약 이처럼 시시각각 변하는 주가 흐름을 보고 마음 잡
기가 어려운 사람들이라면, 다음에 소개하는 정진홍 중앙일
보 논설위원의 이야기에 귀 기울여 보는 것이 좋겠다.

이제 마음 산업(mind industry)은 제5의 산업이다. 농업, 어
업, 임업, 목축업 등의 제1차 산업, 제조업, 공업 등의 제2차 산
업, 물류, 유통 및 서비스업 등의 제3차 산업, IT 등 하이테크 중
심의 제4차 산업을 넘어 이제는 제5산업으로서의 마음 산업이
펼쳐지고 있는 것이다. 그것은 하이테크의 수준을 넘어선 하이
터치산업이자 고감성, 고부가가치의 산업이다.

시장의 감성화가 가속화되면서 마음 산업도 엄청난 규모로 확
장되고 있다. 제1차 산업부터 제4차 산업까지는 사람들의 필요
에만 주목한 산업이었다. 그러나 제5산업인 마음 산업은 사람들
의 욕망에 주목하여 새로운 시장을 개척하고 전혀 새로운 차원
의 부가가치를 창출했다.

바야흐로 마음 산업 시대(The age of mind industry)가 도래
한 것이다. 이 같은 마음 산업 시대의 승자가 되려면 가장 먼저
개인과 조직의 마인드 파워를 키워야 한다.

– 정진홍, 《인문의 숲에서 경영을 만나다》, 21세기북스

금융업은 대표적인 마음 산업이다. 많은 투자자가 경기가
좋든 나쁘든, 실적이 꾸준히 좋아지는 기업의 주식을 오래
갖고 있으면 수익이 극대화되는 줄 알고 있지만 마음을 잘못
다스려서 그 기회를 놓치는 경우가 많다. 주식투자의 진정한
승자가 되기 위해서는 흔들리는 마음을 굳건하게 잡고 나가
는 마인드 컨트롤이 절대적으로 필요하다. 어떻게 할 수도
없는 경기를 걱정하기 전에 흔들리는 내 마음을 다스릴 수
있는 마인드 파워를 키워야 하는 것이다.

남이 보유하고 있는 종목의 주가는 기업 실적의 그림자이
지만, 내가 보유하고 있는 종목의 주가는 바로 내 마음의 그
림자임을 항상 명심해야 한다. 옛날 우리 조상들은 해가 짧

은 겨울에는 눈이 내린 날엔 하얀 눈에 비춰서 책을 읽고, 눈이 오지 않는 날에는 달빛에 비춰서 책을 읽으면서 봄을 기다렸다. 지속적으로 하락하는 주식의 겨울철에는 고스톱 판과 같은 곳을 이곳저곳 기웃거리지 말고 주식 공부에 열중하면서 봄을 기다려야 한다. 주식투자의 모든 것은 다음과 같이 요약할 수 있다.

1. 종목 선정은 '필립 피셔' 처럼 한다. 필립 피셔는 종목 선정 원칙 15개 항목을 제시했는데 핵심은 성장주에 투자하라는 것이었다.
2. 매수 매도 타이밍은 '존 템플턴'과 '혼마 무네히사' 처럼 한다. 이 두 사람의 원칙은 간단하다. 쌀 때 사서 비쌀 때 파는 것이었다.
3. 보유 기간은 '워렌 버핏' 처럼 한다. 10년 이상 보유하지 않을 주식은 단 10분도 갖고 있지 마라.

이처럼 위대한 주식투자 대가들의 모든 이야기를 간단명료하게 요약하면 꾸준히 성장하는 성장주를 쌀 때 사서 오랫동안 보유하는 것이었다.

투자는
'귀'로 하지 말고
'눈'으로 하라

부처님은 우리 중생들을 구제하기 위해서 룸비니 동산에서 태어나셨다. 불교의 가르침은 진리를 외부에서 구하지 말고 스스로 깨우쳐서 부처가 되라고 말한다. 자기 마음속에 부처가 있으니 진리를 밖에서 찾지 말고 자기 마음속에서 찾으라는 것이다.

이것은 참선을 중시하는 선종뿐 아니라 경전 공부를 중시하는 교종도 마찬가지다. 우주의 중심이 바로 자신이며 세상 판단의 기준은 바로 '나'에서 시작된다. 그래서 불교에서는 몸과 마음을 정결하게 닦는 수행을 제일로 여긴다.

이 같은 불교의 관점을 속세의 기준으로 이야기하면, 결국 모든 판단의 기준은 바로 자기 자신이며 그 판단을 정확하게 하기 위해서는 스스로 공부를 계속해서 지혜로운 판단력을 갖춘 사람이 되어야 한다.

필자가 주식투자로 조금 알려지다 보니 주위 사람들이 "이 종목은 어떠냐? 저 종목은 어떠냐?"라고 물어 오기도 하고 "종목 추천 좀 해 달라"고 요청하기도 한다. 그러나 실제로 필자는 종목 추천을 거의 하지 않는다. 그 사람에게 아무 소용이 없다고 생각하기 때문이다. 그들은 이번 주나 다음 주에 오를 수 있는 종목을 요구하는데, 필자의 예측이 매번 맞아떨어질 리가 없다.

필자가 운영하는 명품주식연구소(www.IDEAdream.net)에 와서 글을 읽는 사람들도 주로 투자 전략이나 종목에 관한 글을 읽는다. 그들은 주식의 기초 공부가 될 수 있는 산업 동향, 업종 분석, 경기 환율 동향, 미국이나 중국 시장 동향 등은 잘 읽지 않는다. 기초 공부에는 별로 관심이 없고 주식을 매매하는 데만 열중하는 것이다.

불교에서는 세상의 기준이 바로 자신이므로 스스로 몸과 마음을 갈고 닦는 수행을 제일 중요하게 여긴다. 이와 마찬가지로 주식투자에서도 모든 판단의 기준은 바로 '나 자신'이므로 스스로 기초 공부를 열심히 해서 판단력을 높여야 한다. 주위의 많은 사람에게서 아무리 좋은 정보를 얻었다고 해도 그것에 대한 판단은 자신만이 할 수 있는 것이다.

이곳저곳에 '귀'를 쫑긋 세우고서 어디 좋은 종목 없나 하고 기웃거려도 어차피 좋은 종목을 골라 줄 사람이 없을 뿐 아니라 그것을 골라내는 '눈'이 없다면 아무 소용이 없다. 따라서 스스로 주식투자에 필요한 기초 지식을 공부하는 수밖에 없다.

그 이유는 교보생명 창업자인 대산 신용호 선생의 사례에서 좀 더 확실히 알 수 있을 것이다. 대산 신용호 선생이 겪은 이야기를 직접 들어 보자.

이 단계에서 대산은 자신의 교육보험에 대한 인식을 함께 할 동조자를 얻는 일이 급선무라 여겼다. 그리하여 경제계, 사회계의 유력 인사 100명을 선정하여 교육 보험의 의의와 취지, 전망을 설명하고 다녔다. 물론 별로 반갑지 않은 이 깡마른 방문자에게 시간을 빼앗기는 것조차 귀찮게 여기는 이가 대다수였다.

100명 중 99명이 끼니를 걱정하는 판에 누가 보험에 가입하겠냐며 고개를 흔들었다. 생명보험은 50년이 걸려야 기초가 잡힌다는 상식에 비추어 부정적인 반응 일색이었다. 빈틈없는 대비를 하는 대산에게도 100명 중 99명의 반대는 최악의 상황이었다.

그때 대산에게 낙관적으로 준비를 도와줄 인물이 나타났다. 서울에서 상과 대학의 전신인 고등상업학교를 나와 미국에서 유학한 한국의 모 회사 뉴욕 지사장으로 근무했던 조준호였다. 조준호는 초창기 고생은 예상되지만 그 난관만 극복한다면 유망한 사업이 되겠다며 개척자적인 고난이 수반되지 않은 경우는 없음을 그 실례를 들어 격려해 주었다.

대산은 어찌나 고맙던지 그 자리에서 회사가 설립되면 전무를 맡아 달라고 청하고 10년 만에 회사를 제 궤도에 올려놓고 자신은 회장으로 물러앉을 테니 그때는 사장이 되어 키워 달라며 부탁했다.

– 이규태, 《평전 대산 신용호》, 교보문고

위의 이야기는 대산 신용호 선생이 해방 이후 대한교육보험을 설립하기 위해서 애쓰던 시절의 이야기이다. 그 당시 기준으로 매우 의외의 사업 구상이었기 때문이기도 하지만 무슨 일이 생겼을 때 주위의 많은 사람에게 해결책을 물어서 뚜렷한 방책을 찾는 것은 오늘날에도 쉽지 않다.

워렌 버핏은 여러 사람에게 의견을 묻는다고 해서 결코 현명한 결정을 내릴 수 있는 것은 아니라고 말했다. 버핏은 투자를 처음 시작할 때부터 홀로 설 줄 알았다. 뉴욕에서 멀리 떨어진 오마하에 사는 것도 월 스트리트의 영향을 받지 않고 홀로서기 위해서였다. 그는 또 스스로 생각할 수 있어야 하며, 자신도 지금까지 다른 사람으로부터 좋은 아이디어를 얻은 적이 별로 없다고 말했다.

‘귀’를 쫑긋 세우고 이곳저곳의 이야기를 들어 보아도 좋은 종목을 추천해 줄 사람은 겨우 100명 중 한 명에 불과하다. 더구나 그 소중한 단 한 명의 조언도 종목을 알아보는 ‘눈’이 없다면 놓치고 말 것이다.

따라서 그러한 눈을 가질 수 있는 기초 체력을 쌓는 일을 게을리 해서는 안 된다. 기초 체력이 있어야만 종목을 알아볼 수 있는 눈을 가질 수 있기 때문이다. 신체 기관처럼 투자의 지식도 철학과 유기적으로 연동되어 있다는 것을, 투자자라면 믿어 의심치 말아야 한다.

기관과 외국인을 이기는 투자법이 있다

주식에 대해 처음 공부를 할 때, 여기저기 인터넷을 뒤지다가 '기관을 이기는 카페'라는 곳에 가입한 적이 있었다. 그런데 자세히 알아보니 도저히 기관을 이길 수 없는 방법으로 주식투자를 하고 있었다. 그들은 개인의 욕망과 공포심을 이용해서 코스닥 개별주에 상한가 따라잡기, 급등주 따라잡기, 테마주 따라잡기를 해야 한다고 강조하고 있었다. 필자는 당연히 '그렇게 주식투자를 해서는 안 되겠구나!' 하는 생각을 했다.

개인 투자자들은 코스닥 개별주를 좋아한다. 그들은 총자금의 35% 이상을 코스닥에 투자한다. 그리고 소문에 의한 투자, 차트 매매, 시황 매매 등을 밥 먹듯이 한다. 누군가 귓속말로 그럴 듯하게 이야기하면 솔깃해서 투자한다. 특히 적

은 자금으로 투자를 하는 개인 투자자들이 이런 방식을 택한
다. 그들은 10%, 20%의 수익은 눈에 들어오지도 않는다. 그
렇게 적게 벌어서 언제 목돈이 되겠냐고 생각하는 것이다.
그러면서 코스닥 개별주에서 일확천금을 꿈꾼다.

그러나 많은 돈을 투자한 개인 투자자들은 외국인과 기관
처럼 주식투자를 한다. 그래서 주식시장에서도 부익부 빈익
빈 현상이 심화된다. 이렇게 많은 돈을 투자한 개인 투자자
들은 꾸준히 돈을 벌고 적게 투자해서 일확천금을 꿈꾼 개인
투자자들 중에서는 극소수인 5% 정도만 살아남고 대부분은
주식시장에서 점차 손을 털고 사라진다. 우리나라 시장의 거
의 50%를 차지하고 있는 개인 투자자들이 외국인과 기관들
에게 질질 끌려 다니는 이유가 바로 여기에 있다.

기관과 외국인들은 코스닥에 전체 투자 자금의 5%만 투자
한다. 그리고 대부분의 자금은 거래소의 우량주에 투자한다.
그런데 지난 몇 년 동안 유심히 관찰해 본 바에 의하면 외국
인과 기관의 투자 방법에도 맹점이 있다는 것을 발견할 수
있었다. 이 사실을 발견하는 데는 몇 년의 세월이 소요되었
다. 이 사실을 조금만 일찍 알았다면 수익이 더 컸을 텐데 하
는 아쉬움이 있다. 그렇다면 이제 그들의 투자 행태를 분석
해보자.

필자는 주식시장에서 최고의 승리자가 될 수 있는 투자자

는 거액을 투자한 개인 투자자라고 생각한다. 개인 투자자들은 모든 자금을 자기 돈으로 투자했기 때문에 환매에 시달릴 필요도 없고, 다른 사람에게 투자 실적을 월별·분기별로 보고할 필요도 없다. 그리고 실적이 나쁘다고 해고 당할 이유도 없고 좌천 당할 이유도 없다.

그러나 외국인과 기관 투자자들은 자기 돈이 아니고 일반 투자자의 돈으로 투자를 하기 때문에 실적에 연연할 수밖에 없다. 더구나 실제 주식을 매매하는 펀드 매니저들은 실적이 나쁘면 해고될 수도 있다. 자산운용사는 매월 그리고 분기별로 실적이 공개되므로 실적 압박에 시달릴 수밖에 없다. 그리고 운용 실적이 나쁜 펀드는 추가 자금이 들어오지 않으면 문을 닫아야 한다.

월 스트리트 역사상 가장 성공한 펀드 매니저이자 마젤란 펀드를 세계 최대의 뮤추얼 펀드로 키워 '월가의 영웅' 이라는 찬사를 받은 피터 린치가 지은 《피터 린치의 이기는 투자》에 이런 이야기가 나온다.

내가 이 책에서 전하려 했던 것은 개인 투자자는 월 스트리트의 전문 펀드매니저와 다른 운동장에서 경기를 한다는 점이었다. 프로의 세계에서 뛰고 있는 펀드매니저는 수많은 규제에 시달려야 하지만 개인 투자자는 이러한 규제에서 자유롭다. 개인 투자자는 많은 종목을 보유할 필요가 없다. 종목을 고르기 위한 기업 분석은 여가 시간에 하면 된다. 지금 당장 마음에 드는 기업이 없으면 주식을 사지 않고 더 좋은 기회가 올 때까지 현금을 갖고 기다리면 된다.

또 펀드매니저는 수익률이 공개돼 다른 펀드매니저와 비교되지만 개인 투자자는 이웃과 수익률 경쟁을 벌일 필요가 없다. 각종 규제로 행동의 폭이 좁은 펀드매니저보다 개인 투자자가 주식투자를 더 잘할 수 있다는 증거도 있다. 미국 각 지역 개인 투자자들의 모임 1만 여 개를 대표하는 전미투자자협회에 따르면 회원들끼리 자금을 모아 직접 투자하는 모임 중 69.4%가 1992년에 S&P500 지수보다 더 높은 수익률을 얻었다.

개인 투자자들의 모임 절반 이상이 지난 5년 중에서 4년간 S&P500 지수를 이겼다. 미국 각 지역의 투자 모임은 아마추어 투자자라는 위치를 십분 활용해 종목 선정에 점점 더 숙련돼 가고 있다.

– 피터 린치, 《피터 린치의 이기는 투자》, 흐름출판

위의 내용을 다시 한 번 냉정히 생각해 보자. 도대체 주식 투자자 중에 누가 더 편안한 투자를 할 수 있는가? 누가 더 손익에 민감해야 하는가? 누가 더 실적에 초조해야 하는가? 누가 더 서둘러야 하는가? 돈을 많이 투자한 개인 투자자들

은 이미 이런 이치를 터득한 것으로 보인다. 그리고 그들은 외국인과 기관들이 처한 이런 상황을 도리어 이용하는 투자 전략을 취한다.

개인 투자자들은 외국인과 기관들이 좋아하는 중대형 우량주만 매매한다. 그리고 외국인과 기관들이 실적에 시달리느라 3~4개월 단위 아니면 6~7개월 단위로 스윙 매매를 할 때 미리 앞서서 길목을 지키거나 아니면 도리어 한두 사이클 더 길게 2~3년가량을 장기 보유함으로써 외국인과 기관을 이기는 투자를 한다.

소액 투자자들이 외국인과 기관에 앞서 길목을 지키는 투자를 할 수 있다고 생각하는가? 결론은 뻔하다. 외국인과 기관이 좋아하는 중대형 우량주를 사서 그들이 실적에 목이 매여서 3~4개월 단위 아니면 6~7개월 단위로 스윙 매매를 할 때 겁먹지 말고 2~3년 기다리면 그들을 이길 수 있다.

지피지기면 백전백승이라고 했던가. 이제는 크고 강력한 경쟁자의 투자 행태를 알았으니 아무리 큰 하락장이 와도 겁먹지 말고 생업에 충실하면 된다. 다윗과 골리앗의 싸움에서 다윗의 지혜를 그냥 지나칠 것이 아니라 눈여겨보고 이를 투자에 적용할 줄 아는 지혜가 필요한 시점이다.

04

프로그램 매매를 이기는 투자법이 있다

우리나라 주식시장의 매매 주체는 보통 기관, 외국인, 개인만 있는 줄 알지만 사실은 여기에 하나 더 추가해야 할 주체가 있다. 바로 프로그램 매매이다. 이것은 사람이 매매를 하는 것이 아니라 기계가 하는 것이다. 그렇다면 그 기계는 컴퓨터일까? 맞기도 하지만 아니기도 하다.

프로그램 매매는 기본적으로 선물과 옵션에 연동되어서 움직이는 것을 말한다. 이중에 특히 선물에 크게 영향을 받는다. 우리나라는 파생상품(선물이나 옵션) 거래량이 미국 다음으로 많다. 파생상품은 제로섬 게임인데 우리나라가 그 정점에 있는 것이다.

1996년 5월 상장된 KOSPI 200 지수 선물, 1997년 7월 상장된 KOSPI 200 지수 옵션, 2002년 1월 상장된 개별 주식

옵션에 이어, 2008년 5월 6일 개별 주식 선물까지 상장되었으니 어쩌면 이제는 우리나라가 미국을 넘어 파생상품 분야에서 세계 1등이 되었을지도 모르겠다.

개별 상품으로는 국내 증권시장에 상장된 '코스피 200 지수 옵션'이 1999년 이후 줄곧 세계 1위 자리를 지켰다. 증권선물거래소가 발표한 '2007년 세계 파생상품 시장동향'에 따르면 2007년 세계 각국 거래소에서 거래된 파생상품은 152억 5,400만 계약이었다. 이는 1년 전보다 무려 28.6% 늘어난 것이다.

한국의 파생상품 거래량은 2007년 12.2% 늘었다. 국가별 거래 비중은 한국이 18.2%를 차지해 미국(39.9%)에 이어 2위를 차지했다. 그 다음으로는 독일(12.5%), 영국(6.1%), 브라질(5.2%), 인도(3.2%), 중국(3.0%), 남아공(2.2%), 일본(1.7%), 멕시코(1.5%), 순이었다. 상품별로는 주식 선물 거래량이 124.2%가량 늘어나 성장 속도가 가장 빨랐다.

그러나 파생상품은 큰 위험을 안고 있다. 그래서 개인 투자자는 되도록 파생상품 거래를 안 하는 편이 좋다. 개인 투자자는 선물, 옵션이 위험해서 매매를 잘 하지 않기 때문에 자세히 알 필요는 없다. 그러나 프로그램 매매 만큼은 최소한의 지식을 갖고 있는 것이 좋다.

프로그램 매매는 차익거래와 비차익거래로 나뉜다. 차익

거래는 KOSPI 200 주식 가격과 선물 가격 간의 가격 차이가 발생했을 때 생기며, 비차익거래는 KOSPI 200 종목 중에서 열 다섯 종목 이상으로 바스켓(모음)을 만들어서 일괄 매매하는 것을 말한다. 결국 프로그램 매매는 KOSPI 200 종목만 거래할 수 있는 것이다. 따라서 중대형주가 프로그램 매매의 영향을 많이 받는다.

또한 차익거래는 매수차익거래와 매도차익거래로 나뉘는데, 매수차익거래는 선물 가격이 현물 가격에 비해 높게 형성되어 있을 때 선물을 매도하고 현물을 매수하는 거래이고, 매도차익거래는 그 반대의 경우를 말한다. 이상을 요약하면 다음과 같다.

1. 프로그램 매매는 사람이 직접 하는 것이 아니고 사전에 입력된 자료에 의해서 기계가 자동적으로 한다.

2. 개인은 프로그램 매매를 할 수 없다. 기관과 외국인만 할 수 있다. 따라서 기관과 외국인은 프로그램 매매라는 무기를 개인보다 하나 더 가지고 주식시장에서 전쟁을 하고 있는 것이다. 개인이 주식 전쟁판에서 이기기 어려운 이유 중에 하나가 여기에 있다.

3. 기관과 외국인은 선물 담당자가 매일 선물 동향을 지켜보면서 프로그램 매수와 매도를 할 수 있도록 기계의 자

동 매매 시스템을 작동시킨다.

4. 프로그램 매매는 코스피 200 종목에만 한정된다. 코스피 200 종목이 주로 중대형주이므로 중대형주가 프로그램 매매의 영향을 많이 받는다. 결국 프로그램 매도가 많이 나온 날은 중대형주가 많이 빠지고 프로그램 매수가 많은 날은 중대형주가 많이 오른다.

5. 우리나라는 세계에서 선물, 옵션 시장이 미국 다음으로 크다. 그렇기에 프로그램 매매도 그만큼 많다.

이처럼 주식시장이 선물 시장의 영향권 아래에 놓여 있어서 하루하루 프로그램 매매로 기관과 외국인이 흔들기 때문에 개인들이 주가 차트를 보고 단기 매매를 해서는 수익을 낼 수가 없는 것이다. 더구나, 증권선물거래소와 증권예탁원에 따르면 2008년 1분기 대차거래 체결 금액은 26조 5,107억 원으로 집계됐고 이 중 외국인 비중은 25조 원으로 94%에 달했다고 한다. 대차거래 물량 중 외국인 비중은 2007년 90.7%에서 2008년 들어 더욱 높아졌다.

대차거래란 결국 자기가 주식을 갖고 있지도 않으면서 남의 주식을 빌려 매도해서 주식시장을 폭락시켜 이익을 얻고자 하는 작전이다. 외국인은 대차거래로 장난을 치고, 외국인과 기관은 선물을 이용하여 프로그램 매매를 유도하여 또

다른 장난을 치고 있어서, 이런 무기를 갖고 있지 않은 개인
은 차트를 보면서 단기 매매를 하는 것으로는 수익을 얻기가
어렵다.

그러나 좋은 종목을 골라 중장기로 오래 갖고 있으면 그들
의 작전은 거의 무용지물이 된다. 왜냐하면 그들의 작전은
단기적인 주가 변동에만 영향을 주고 중장기적인 주가에는
영향을 주지 못하기 때문이다. 이렇게 하면 개인 투자자도
외국인과 기관을 이길 수 있다.

05

파레토 법칙에서
장기투자의 해법을
찾아라

주식투자는 날마다 해야 하고 그때마다 수익이 나야 한다고 생각하는 사람이 많다. 그러나 이것은 봉급쟁이의 사고방식이다. 직장에 매일 출근해서 하루하루를 보내고 한 달이 지나면 꼬박꼬박 월급을 받는 사고방식에 젖어 있어서 주식투자를 할 때도 날마다 수익이 나야 된다고 생각하는 것이다. 그러나 현실적으로 그렇게 되기는 어렵다.

사업하는 사람들은 날마다 수익이 나면 좋겠지만 그 수익이 일주일 후에 나도 좋고 한 달 후에 나도 좋다고 생각한다. 사업하는 사람들은 비록 이익이 적어도 좋으니 꾸준히 지속적으로 유지 발전했으면 하고 바라는 것이다.

단기투자에 매달리는 사람들은 주식투자를 고스톱 판으로 생각한다. 그래서 판이 언제 깨질지 모르니 빨리 한탕하고 떠나야 한다고 생각한다. 그러나 그 고스톱 판과 같은 주식 시장을 빨리 떠나야 한다고 생각하고 있음에도 불구하고 마약 중독자처럼 영원히 떠나지 못한다. 이 때문에 사람들은 주식투자를 한다고 말하면 이상한 시선으로 쳐다보고, 주식투자자도 어디 가서 주식투자를 한다고 자신 있게 말하지 못하는 것이다.

그러나 정석으로 주식투자를 하는 사람들은 자신 있게 주식투자를 하고 있다고 이야기한다. 그들은 아무 거리낌 없이 당당하다. 우량주를 사서 중장기적으로 투자를 하는 것을 원칙으로 하고 있기 때문이다. 그렇게 봤을 때 펀드에 투자하면 자신 있게 말하고 직접 투자를 할 때는 자신 있게 말하지 못하는 사람은 뭔가 잘못하고 있는 것이다.

필자는 대략 다섯 개 종목에 분산 투자를 해야 한다고 말하곤 한다. 일명 포트폴리오를 세워야 한다고 말이다. 그 이유는 한두 종목에 집중 투자했을 경우의 위험을 방지하기 위해서다. 그래서 피터 린치도 다섯 개 정도에 분산 투자하면 그중에 한두 종목은 엄청나게 뛰어난 수익을 가져오고, 두세 종목은 시장 평균 수준의 수익을 주며, 한 종목은 수익률이 아주 저조하게 나오지만, 결국 몇 년의 시간이 지나고 나면 전체적으로 수익이 난다고 이야기하는 것이다.

파레토의 법칙을 들어본 적이 있는가? 소득분포와 관련하여 경제학자 빌프레도 파레토(1848~1923)는 1906년 이탈리아 전체 인구 중 20%가 국토의 80%를 소유하고 있다는 사실을 알아냈다. 그는 소득 분포에 대한 통계 조사를 통해 소득 분포의 불평등 정도를 나타내는 경험적인 경제법칙으로 20:80의 법칙을 도출했다. 통계적으로 상위 20% 사람들이 80% 부를 차지하는 경향이 있으며 이 법칙은 경제뿐 아니라 사회 각 분야에 적용되는 보편적 가치라는 설명이다.

그의 발견은 이후 파레토의 법칙, 20:80의 법칙, 최소 노력의 원리, 불균형의 원리 등 수많은 이름으로 불리게 되었다. 실제로 전 세계 부자 20%가 전체 부(富) 중에서 84.7% 정도를 가지고 있으며 세계 상위 358명의 부는 지구촌 인구 절반이 가진 전 재산과 비슷하다고 한다. 한 시중 은행의 내부 자료를 분석한 결과에 따르면 상위 고객 23.5%가 은행 총 수신 중 89.6%, 총 여신 중 62.5%를 차지하고 전체 영업 이익 기여도도 83.3%에 달했다. 또한 백화점 매출액 중 80%는 20%의 단골 고객이 올려 주는 등 경제 분야에서도 파레토의 법칙이 유효하다는 점을 보여 주는 사례는 많다.

주식투자에서도 파레토의 법칙은 유효하다. 코스피 지수는 1980년 100으로 시작했다. 만일 당시에 지수를 추종하는 인덱스펀드가 있어서 매월 10만 원씩 투자했다면 현재 그 평가액은 무려 20억 원이나 된다. 여기에 28년 동안 지급된 배당금을 재투자했다면 그 평가액은 더 늘어날 것이다. 반면 투자 원금은 2,700만 원에 불과하다. 매월 10만 원씩 28년간 투자했다고 해서 해마다 수익이 난 것은 아니다. 그 기간 동안 주가는 수없이 오르락내리락했다.

구체적인 통계 수치가 없어서 인용할 수는 없으나 장기투자를 하면 80%의 기간에는 수익이 저조하거나 심지어 손실이 났다고 해도 짧은 20%의 기간 중에 많은 수익을 거두는 경우는 아주 흔한 일이다.

피터 린치의 지적처럼 다섯 개 종목 정도에 분산 투자하면 한 종목(25%)이 많은 수익을 가져와서 나머지 네 개 종목(75%)의 저조한 수익을 상쇄하고도 남는다. 파레토의 법칙은 이 세상의 거의 모든 부분에 적용되는 사회법칙이다.

분산 투자와 장기투자는 결국 주식투자에서 파레토의 법칙을 실천하는 방법이다. 수익이 났다고 해서 들뜰 필요도 없고 날마다 손해가 났다고 우울해할 필요도 없다. 주식투자에도 파레토의 법칙이 적용된다는 사실을 믿고 기다리면 된다. 믿음과 기다림은 어디에서 무엇을 하건 필요한 덕목이다. 투자에서도 결코 예외가 될 수 없다.

마음을 다스린 역발상 투자의 대가,
존 템플턴의 투자법

존 템플턴(1912~2008)은 글로벌 투자의 선구자로, 금융시장을 내다보는 탁월한 통찰력과 폭넓은 시야로 잘 알려진 월스트리트 최고의 펀드매니저이다.

그는 1937년부터 월 스트리트에서 활동하기 시작해 1954년 자신의 이름을 붙인 뮤추얼펀드인 템플턴 그로스 펀드를 출범시켰다. 출범 당시 전체 운용자산이 700만 달러에 불과했던 템플턴 펀드는 1992년 220억 달러 규모로 성장했고 그해 자신의 펀드 회사들을 프랭클린 그룹에 4억 4,000만 달러를 받고 매각했다.

특히 1939년 유럽에서 전쟁이 발발했다는 소식을 듣고는 당시 뉴욕 주식시장에서 1달러 미만에 거래되고 있던 주식 104개 종목에 1만 달러를 투자해 큰 수익을 거둔 일화는 아직도 인구에 회자되고 있다. 그는 또 비관이 최고조에 달했을 때 투자한다는 자신의 투자 원칙을 입증하듯 한국이 IMF

경제 위기에 빠져 있던 1997년 12월 한국 주식시장에 투자하기 시작해 외국인 투자자들의 한국 주식 매수를 선도하기도 했다.

해외 투자의 개척자이며 역발상 투자의 대가인 존 템플턴은 항상 남들과는 다른 발상으로 뛰어난 성과를 거둔 투자자이다. 존은 "이번에는 달라"라는 말이야말로 가장 비싼 대가를 치르게 하는 말이라며 사람들이 가진 투기적 성향에 대해 경고해왔다. 실제로 그는 1968년 일본 주식시장에 투자하기 시작하여 해외 투자의 선구자 역할을 했는데 그 당시 일본 주식시장의 PER는 세 배 전후였다.

이것은 그 당시의 패러다임을 크게 뛰어넘는 가치 투자였으며 그 후 존은 큰 수익을 거두었다. 한편 1986년 일본 시장의 PER가 60배를 넘기면서 버블 국면에 접어들자 일본 투자 금액 전부를 회수하며 그의 투자 철학을 지켜냈다.

존 템플턴은 워렌 버핏과 많은 점이 닮았다. 일단 두 사람은 모두 시황에 신경 쓰지 않았다. 하루 이틀 주가가 오르내리는 것은 전혀 신경쓰지 않는다. 그리고 값이 싼 주식을 사서 오래 갖고 있다가 팔았다. 다른 점이 있다면 템플턴은 시장 전체가 패닉에 빠졌거나 바닥을 칠 때 상대적으로 싼 주식을 긁어모은 반면, 버핏은 한 개의 기업이나 업종을 냉철히 분석해 미래에 거둘 큰 수익을 예상해 투자했다. 말하자면 두 사람은 투자의 정석을 실천한 것이다.

템플턴은 평소 역발상 투자를 강조했다. 주가가 폭락했다고 다음 날 주식을 팔러 가는 것은 어리석은 일이라고 했다. 주식을 팔 때는 시장이 망가지기 전이지 무너진 다음이 아니라는 것이다. 주식투자를 할 때는 대중의 움직임을 따르지 말고 인기 종목을 멀리하며 비관론이 가득할 때 주식을 사서 낙관론이 퍼질 때 팔라는 게 템플턴의 투자 철학이다. 2000년대 초 정보 기술(IT) 거품이 꺼지기 전에 그가 많은 주식을 처분했던 것도 이 때문이다.

템플턴은 세계의 투자 거물로 엄청난 부를 쌓았지만 검소한 태도를 유지했다. 젊은 시절 그는 방 다섯 개짜리 아파트를 25달러의 가구로 채웠다. 또한 재산이 25만 달러를 넘어서기 전까지 가격이 200달러 이상 하는 자동차를 사 본 적이 없을 정도로 검소한 삶을 살았다. 하지만 사회 활동을 하는 데는 씀씀이를 아끼지 않았다.

템플턴은 투자에 성공하여 모은 재산을 바탕으로 1972년 상금이 100만 파운드로 세계 최고를 자랑하는 템플턴상을 만들어 신앙을 고취하거나 종교와 과학간의 이해를 증진하는 데 헌신한 인물에게 시상하고 있다.

가난한 사람들을 위해 헌신적 삶을 살았던 마더 테레사 수녀, 우리나라의 한경직 목사, 미국의 빌리 그레이엄 목사, 프

랑스 테제 공동체 설립자인 로저 수사 등이 템플턴상 수상자
로 선정된 바 있다. 1987년에는 자신의 이름을 딴 존 템플턴
재단을 설립했다. 이 재단은 약 15억 달러의 기금으로 해마
다 7,000만 달러를 물리학, 우주 과학, 생물학, 사회과학 등
인류 발전에 기여하는 과학 발전과 종교 문제 연구에 지원하
고 있다.

[06]

Experience is the Answer

경험 속에 답이 있다

간접 경험에도
투자의 답이 있다

언젠가 저녁에 TV를 보면서 채널을 돌리다가 케이블 TV
에서 손주은 메가스터디 사장이 대입 수능 전략에 대해서 강
의하는 방송을 본 적이 있다. 손주은 사장은 학원 강사를 하
다가 온라인 대입 강의를 전문으로 하는 메가스터디를 창업
하여 재벌의 반열에 오른 사람이다. 그는 36세가 되던 1996
년, 이대로 살다가는 평생 강사로밖에 남지 않겠다는 생각이
들어서 자신을 돌아볼 기회를 갖자는 생각에 1996년 말 경
기도 이천으로 내려가 34시간 동안 고민을 했다고 한다.

이때 그를 일깨웠던 것이 과거 사학을 전공하면서 배운 조
선 시대 계급인 사농공상이었다. 조선시대에는 생산력이 낮
아서 농민이 대접을 받았다면 생산력이 크게 증대한 지금은
기업인이 존경받는 사회가 될 것이라는 깨달음을 얻었던 것

이다. 손 대표는 어려울 때일수록 이같이 인문학적 사고로 자신을 돌아보는 것이 큰 힘이 됐다고 한다.

그는 한때 사립학교를 설립해 편안하게 부와 명예를 누릴까 하는 생각도 했지만 뭔가 사회에 도움이 되는 일을 해야겠다는 마음으로 기업을 세웠다고 한다. 그리고 메가스터디의 성공 요인으로 '항상 자신이 뭔가 잘못하고 있다'고 돌아본 것을 꼽았다. 독실한 기독교 신자인 그는 어릴 때부터 '내일 예수님이 재림하면 어쩌나' 하며 항상 반성하고 되돌아보는 삶을 살아왔다고 한다.

사실 필자는 손주은 사장의 강의 내용은 조금도 궁금하지 않았다. 그럼에도 불구하고 손 사장의 강의를 끝까지 경청한 이유는 '도대체 저 사람은 얼마나 똑똑한가? 저렇게 좋은 기업을 창업할 정도의 그릇이라면 강의는 도대체 얼마나 잘하는가?' 하는 궁금증이 일었기 때문이다. 그런데 강의를 듣다 보니 점차 손 사장의 강의 내용에 깊이 빠져들고 말았다.

손 사장은 학교에 다닐 때 수학 문제로 고민했던 많은 사람의 예시를 들었다. 수학을 못했다고 해서 머리가 나쁘거나 수학을 못하는 두뇌를 가진 것은 아니라는 이야기이다.

손주은 사장은 수학을 잘하는 비결이 '손'에 있다고 말했다. 그리고 칠판에 '손'이라고 크게 쓰고는 커다랗게 원을 그리더니 "제가 직접 경험한 사례를 들어서 말씀 드리겠습니다" 하는 것이 아닌가? 수학을 잘하는 비결이 손에 있다니. 고등학교 시절 내내 수학 때문에 애를 먹었던 기억이 떠올랐다. 그러니 어찌 손 사장의 강의에 빠져들지 않겠는가?

손주은 사장은 자신의 과거 이야기를 꺼내들었다. 오래 전 강사 시절의 이야기였다. 한 학부형이 아들을 데려왔는데 수학 점수가 너무 형편이 없어서 고민이라고 했더란다. 수학 때문에 학교 성적도 9등급이라고 했다. 그래서 그는 수학 문제 3,000개를 직접 손으로 풀어 보라고 했다는 것이다.

대부분의 학생들은 실제로 문제 풀이는 소홀히 하면서 수업시간에 선생님의 강의만 듣고 수학이 어렵다고 한다. 결국 내신 성적 9등급이었던 그 학생은 수학 문제 3,000개를 다 풀고 1년 만에 1등급이 되었다고 한다.

이 글을 읽고 있는 사람 중에는 주식투자를 하고 있거나 앞으로 계획하고 있는 사람이 대부분일 것이다. 손주은 사장은 수학을 잘하는 비결은 머리에 있는 것이 아니라 손에 있다고 간단명료하게 이야기했다.

필자는 주식투자를 잘하는 비결을 '기업의 사업 내용'에 있다고 항상 말하곤 한다. 주식투자에도 내신이 있다면 기업의 사업 내용만 알아도 9등급에서 1등급으로 수직 상승할 수 있다. 허상의 정보가 아니라, 직접 그 사업 내용에 대해 공부하고, 분석해서 현재의 사업적 가치와 미래 가치를 스스로 매기기 때문이다.

손주은 사장이 수학 공부를 잘하는 비결은 선생님의 강의를 듣고 '알았다' 하고 생각하는데 그치는 것이 아니라, 수많은 문제를 직접 풀어 보는 데 있다고 말한 것처럼 주식투자로 성공하는 비결은 누군가의 추천이나 이곳저곳 떠돌아다니는 소문에 있는 것이 아니다. 내가 기업에 대해 직접 분석해 보는 데 있다.

주식투자에 있어 사업가적인 마인드는 반드시 필요하다. 매일매일 눈앞에서 어른거리는 주가 변화에 휘둘리다 보면 크게 보고 길게 보아야 한다는 원칙을 잊게 된다. 손주은 사장이 요즘에 무엇을 잘못하고 있나 생각하면서 기업을 운영한다고 한 것처럼 투자자들도 자기가 보유하고 있는 주식의 최고 경영자가 된 기분으로 오늘은 내가 무엇을 잘못했나 하는 마음으로 임해야 할 것이다.

독실한 기독교 신자인 존 템플턴은 주식투자를 하기 전에 항상 기도부터 했다고 한다. 과연 내가 지금 하고 있는 투자가 올바른 것인지 스스로에게 물었다는 뜻이다. 고민하지 않고 이루어지는 것은 세상에 아무것도 없다. 당연히 핵심에 다가가려는 노력과 고민도 하지 않은 채 차트만 보고 자신의 돈을 투자한 투자자에게 행운이 함께 하기는 어려울 것이다.

독서의 효용을 이야기할 때 우리는 간접 경험을 말하곤 한다. 주식투자도 마찬가지이다. 주식투자에 있어 자신이 매번 경험을 할 수도 있으나, 이는 많은 돈과 아픔을 동반한다. 그래서 간접 경험이 중요하다. 주변의 책과 신문 그리고 고수들의 이야기를 통해 간접 경험을 쌓아야 할 것이다. 물론 이를 체득해서 자신의 것으로 만드는 것은 투자자의 몫이다. 아무리 많은 책을 읽어도 글만 따라다닌다면 읽고 나서 머릿속에 남는 것이 없는 것처럼 하나의 현상에 대해 행간의 의미를 읽어 내는 훈련이 필요하다. 그것이 바로 투자의 맥이며, 성공 투자자의 핵심이다.

주식투자,
선거 전략에서 배워라

선거란 본질적으로 기업의 마케팅 활동과 비슷한 점이 상당히 많다. 기업은 신제품을 개발하기 전에 소비자가 무엇을 원하는지 사전에 시장 조사를 한 후에야 제품을 개발한다. 그리고 제품을 생산하면 광고나 홍보 활동을 통해서 그 제품을 소비자에게 알린다. 그러나 아무리 사전 조사를 충분히 한 후 제품을 만들었을지라도 모든 제품이 잘 팔리는 것은 아니다. 대다수의 제품은 소비자에게 외면당해서 폐기되고 아주 소수의 제품들만이 소비자의 사랑을 받아서 장수하게 된다.

선거에서도 각 정당은 사전에 여론조사를 실시해서 공천을 한다. 그러다 보면 여론조사와 비슷하게 선거 결과가 나오는 곳도 있고 전혀 다르게 나오는 곳도 있다. 혹은 심사 조건에 맞지 않아서 공천을 못 받은 사람이 무소속이나 다른 정당의 공천을 받아서 당선되는 경우도 있다.

이런 기업 활동이나 정당의 선거 활동을 지켜보면서 투자자라면 주식투자에 대해서 다시 한 번 생각해 볼 필요가 있다. 사전에 충분히 조사와 연구를 하고 고민을 해서 매입했음에도 불구하고 현재 보유하고 있는 종목이 손실이 난 경우도 있을 것이다. 그리고 이런저런 조건에 맞지 않는다고 매도한 종목이 많이 오르는 경우도 있을 것이다.

필자는 선거를 보면서 주식투자의 전략과 전술에 대해서 많은 생각을 하게 된다. 어떤 정당에서 버려진 사람이 무소속이나 다른 정당의 공천을 받아 당선된 경우는 내가 매도한 종목이 나중에 알고 보니 더 많이 오른 경우와 비슷하다. 그리고 사전에 철저한 여론조사를 한 후 공천을 했음에도 불구하고 선거에서 낙선한 경우는 사전에 충분히 조사해서 매입한 종목이 현재 손실이 난 경우에 해당한다.

이처럼 예상할 수 없는 경우가 많기 때문에 정당에서 공천을 할 때 경쟁력이 있는 유명한 사람을 공천하듯 주식투자를 할 때에는 우량주 위주로 종목을 선정해야 한다. 공천할 때 경쟁력 있는 사람이 당선 확률이 높듯이 우량주가 상승할 가능성이 더 크기 때문이다.

그리고 아무리 사전에 철저하게 여론조사를 해서 공천을

했어도 낙선하는 경우가 있듯이 종목 선정을 할 때도 한 종목에 집중 투자하지 말고 분산 투자를 해야 한다.

정당에서 이런 저런 이유로 공천에서 탈락시킨 사람이 무소속이나 다른 정당의 공천을 받아 당선된 경우는 내가 이런 저런 이유로 매도한 종목이 다음에 보면 많이 올라 있는 경우에 비유할 수 있다. 그래서 대통령 선거나 국회의원 선거를 보면서 필자는 '어쩌면 그렇게 주식투자 세계와 많이 닮았을까?' 하는 생각이 들 때가 많다.

그렇다면 선거와 주식투자는 어떤 점에서 닮았을까?

팀워크가 중요하다

선거 운동은 후보자 혼자서 하지 않고 팀을 이루어서 한다. 사무를 보는 사람이 있고, 선거 홍보물을 기획하고 제작하는 사람이 있는가 하면, 선거 전략을 수립하는 사람이 있고, 후보자와 운동원들의 하루 일정을 분 단위로 관리하는 사람도 있다.

이런 모든 일은 후보자의 평소 생각들이 집약되어 만들어지며, 모두 일사분란한 팀을 이루어 짧은 기간에 지역 주민에게 다가가고자 한다. 그들은 하루 일과가 시작되기 전에 이미 그날의 일정에 대해서 충분히 알고 있는 상태에서 일을 시작한다. 그래야 우왕좌왕하지 않고 시간 낭비를 줄일 수 있기 때문이다.

　주식투자도 마찬가지다. 자산운용사는 주식 운용팀과 리서치팀이 있다. 그들은 각자 따로 일하지 않고 서로 정보를 공유하면서 한 팀으로 일한다. 리서치팀을 별도로 갖지 않은 자산운용사는 증권사에서 제공하는 리서치 자료를 참조한다. 개인 투자자는 혼자서 주식 운용팀과 리서치팀의 업무를 동시에 맡고 있다고 생각하면 된다. 리서치팀의 업무를 소홀히 하고 주식 매매만 하는 사람들은 마치 반찬 없이 밥만 먹는 사람과 같고, 운동원 없이 후보자 혼자 선거 운동하는 사람과 같다.

현장의 목소리가 중요하다

　후보자와 운동원들은 지역 주민을 단 한 명이라도 더 만나기 위해서 새벽부터 밤 늦게까지 구석구석을 다니면서 명함을 돌리고 악수도 하며 큰소리로 인사도 한다. 그리고 그들의 반응을 유심히 관찰한다. 지역 주민을 만나서 그들의 반응을 보면 후보자에게 호의적인지 아닌지 알 수 있다. 그래서 비교적 호의적인 지역에 더 많은 운동원을 투입할 것인지 아니면 호의적이지 않은 지역에 더 많은 운동원을 투입할 것인지를 결정하는 것이다.

　우리는 주식투자를 할 때 몇 개 종목에 분산하여 투자한다. 그리고 그 종목의 흐름을 유심히 관찰한다. 어떤 종목은 상승이 빠른데 어떤 종목은 상승이 더딘 경우가 있다. 이런 경우에는 종목을 교체하려고 하지 말고 투자 금액 비율을 조정해서 어느 정도 시장의 변화를 지켜봐야 한다. 오르는 종목의 투자 금액은 늘리고, 내리는 종목의 투자 금액은 줄이는 것이다. 그러나 많은 개인 투자자들은 내리는 종목을 매도한 후 다른 종목의 쇼핑에 나선다. 종목에 따라서는 늦게 상승하는 경우가 있기 때문에 너무 잦은 매매로 수익의 기회를 놓치는 경우가 있는데도 말이다.

사전 계획이 중요하다

주민들과 직접 접촉하는 운동원들은 여자일 경우 더 유리하다. 20대 젊은 청년 운동원들도 30~40대 여자들보다는 주민에게 호감을 주지는 못한다. 더구나 50~60대 남자 운동원을 쓴다면 효과는 거의 없다고 봐야 한다. 10년 전만 해도 중앙당의 대변인은 전부 남자였다. 그들은 대변인을 거쳐서 거물 정치인으로 성장했다.

그러나 지금 중앙당의 대변인은 거의 여자다. 감성 정치 시대가 열린 것이다. 10년 전의 선거 운동 방식으로는 선거에서 이길 수 없다. 이런 사소한 부분까지 세심한 계획을 세워야 선거에 이길 수 있다. 그래서 정치는 말 한마디에도 포석이 깔려 있다고 한다. 그리고 이것이 정치의 쟁점을 이미 예고하고 있다. 치밀한 계획 속에 그 말이 있기 때문이다.

주식투자도 마찬가지다. 어떤 종목을 매수할 것인지를 많은 시간을 두고 고민하고 연구한 후에 매수해야 한다. 그 기업이 무슨 사업을 하는지, 이익은 나는지, 성장성은 있는지 등을 세심하게 검토한 후에 매수해야 한다. 주식투자는 눈으로 해야지 귀로 해서는 안 된다.

그 기업에 관한 각종 뉴스나 자료를 직접 구해서 읽어 보고 판단해야지, 누군가 귓속말로 추천한다든가 증권 방송에서 추천했다고 해서 매수를 해서는 안 된다. 그렇게 해서는 일시적으로 용돈 정도는 벌 수 있을지 모르나 지속적인 수익을 얻을 수는 없기 때문이다.

이 외에도 선거와 주식투자는 많은 공통점을 가지고 있다. 가령, 시장 내의 루머로 상대를 공략하는 제로섬 게임과 같은 것도 이에 포함된다. 이처럼 우리가 겪는 모든 것들은 주식투자의 해법을 제시하고 있다. 그래서 필자는 주식투자를 잘 하는 사람이 사회생활도 잘한다고 말한다. 그리고 지식이 많은 사람보다는 지혜가 많은 사람이 잘한다고도 말한다.

주식투자는 결코 우리의 삶과 동떨어져 있지 않다. 우리의 일상에 투자의 맥이 숨어 있고 이를 발견해서 응용할 수 있

는 사람이 진정 투자의 승자가 된다. 이러한 응용력과 연상
력은 그저 얻어지는 것이 아니다. 끊임없는 노력과 지적인
소양의 계발이 있을 때에나 가능하다.

골프에서
투자 마인드를 배워라

지난 봄, 친구들과 오랜만에 라운딩을 했다. 겨울 동안은 너무 추워서 한 번도 라운딩을 못 나가고 골프채도 잡아 보지 못했었다. 그래서 라운딩 약속이 잡히자 이에 대비해서 이틀 전에 집 근처 골프 연습장에서 미리 한 시간가량 몸을 풀었다. 너무 오랜만에 연습을 하니 당연히 공이 잘 맞지 않았다. 라운딩 당일에도 다른 친구들보다 먼저 골프장에 가서 가볍게 몸을 풀고 있었다.

친구들이 도착하자 라운딩이 시작되었다. 그런데 1라운드부터 신통하게도 공이 잘 맞았다. 이것을 보고 친구들은 한결같이 "동계 훈련을 많이 했구나"하면서 놀라워했다. 왜냐하면 수년 전부터 같이 골프를 즐겼던 터라 평소의 내 실력을 잘 알고 있었기 때문이다. 그러나 사실은 그들보다 필자가 더 놀랐다. 겨울 내내 골프채는 손에 잡아 보지도 않았을 뿐 아니라, 이틀 전까지만 해도 공이 거의 맞지 않았기 때문이다.

그래서 '이렇게 공이 잘 맞는 이유가 무엇일까?' 곰곰이 생각을 해 보았는데 겨울 내내 헬스장에 다닌 것이 도움이 된 것 같았다. 다른 사람들이 러닝머신에서 뛸 때 필자는 근육 운동에 시간을 더 많이 할애했다. 평소에 허리가 약했기 때문에 허리 근육을 강화시킬 목적으로 근력 강화 운동에 집중했던 것이다.

그 전에는 허리가 약했기 때문에 주로 양팔의 힘으로 골프를 쳤다. 당연히 점수가 좋을 리 없었다. 그러나 그날은 어깨와 허리의 힘으로 골프를 치고 있었다. 그리고 이전에는 라운딩 초반에 힘이 남아 있어서 어느 정도 점수를 유지했으나, 후반전으로 갈수록 힘이 떨어져서 점수가 급격히 나빠졌었다. 그러나 그날은 후반전으로 갈수록 도리어 점수가 좋아지는 것이었다.

골프를 잘 치려고 골프 연습장에서 연습을 할 때는 별다른 성과가 없었지만 실제 라운딩에서는 근력 강화 운동에 집중한 효과가 나타난 것이다. 대단한 발견이었다. 수년 동안 풀리지 않은 문제가 풀린 것이다.

주식투자도 마찬가지이다. 사람들은 주식투자하면 사고팔

고를 반복해서 수익을 얻는 것으로 생각한다. 그러나 그렇게 해서 큰 수익을 얻는 경우는 사실 아주 드물다. 실제로 큰 수익을 낸 사람은 좋은 주식을 사서 수년 동안 시세의 변화를 잊은 채 보유한 사람들이었다. 그때그때의 상황에 맞추는 임기응변에 능한 사람이 높은 수익을 얻을 것처럼 보이지만, 세상의 이치란 대개가 비슷해서 원칙을 지키는 사람이 결국은 투자의 게임에서도 승리한다.

골프는 힘이 있는 사람이 잘 치게 마련이다. 그리고 그 힘은 어깨와 허리의 근육에서 나온다. 결국 골프를 정말 잘치고 싶으면 기본 중의 기본인 어깨와 허리의 근육을 강화시키는 것이 우선시되어야 하는 것이다. 앞에서 얘기했듯이 필자가 그날 발군의 실력 향상을 경험할 수 있었던 것도 바로 그 때문이 아니었던가.

2008년 8월, 브리티시 여자 오픈에서 신지애 선수가 우승을 차지했다. 신지애 선수는 20세 3개월 6일 만에 우승해 브리티시오픈 사상 최연소 우승 기록을 갱신한 것은 물론이고 1987년 US여자오픈 우승자인 로라 데이비스(잉글랜드)에 이어 두 번째로 LPGA투어 비회원 메이저 우승 기록도 세웠다. 아울러 2008년에 한·미·일 그린을 모두 정복하는 진기록까지 세웠다.

신지애 선수는 왜 이처럼 강한 것일까? 전문가들은 어떤 상황에도 흔들리지 않는 그녀의 두둑한 배짱을 가장 큰 비결로 꼽는다. 장타자이면서도 컴퓨터같이 정확한 샷을 구사할 수 있는 것은 신지애 선수의 이런 두둑한 배짱에서 나온다. 그리고 스트레스를 받지 않는 성격도 또 하나의 성공 비결이라고 한다.

신지애 선수는 스트레스를 받을 때마다 바로바로 풀어 버리는 성격이어서 골프를 즐기되 실력을 향상시켜야 한다는 압박감을 갖지 않으려고 노력했다고 한다. 그래서 어떤 때는 골프를 아예 잊고 지낼 때도 있다고 한다.

그러나 연습에 몰두할 때는 '연습벌레'라고 불릴 만큼 연습에 몰두한다. 하체 단련을 위해 아파트 계단을 숱하게 오르내리는 것은 기본이고, 90분 동안 드라이브를 500번이나 휘두른 적도 있으며 퍼트 연습을 7시간 연이어 하는 등 혹독하게 실력을 키웠다고 한다.

그녀를 강하게 만든 것은 지독하게 가난한 가정 환경이었다. 2003년 11월 어머니가 교통사고를 당해서 돌아가신 이후 15만 원짜리 월세방에서 산 적도 있었다. 이런 어려움을 겪고 난 후 신지애 선수의 정신력은 더 강해졌다. 이보다 더한 어려움은 없을 것이라고 생각하니 오히려 마음이 차분해졌다고 한다. 이렇게 본다면 결국 신지애 선수의 성공 비결은 두둑한 배짱, 끊임없는 연습을 통한 기본 실력, 어려움을 극기로 이겨 내는 강한 정신력에 있다.

주식투자를 할 때도 마찬가지이다. 모두 공포에 질려 있는 하락장의 바닥에서 과감히 저평가된 주식들을 쓸어 모을 줄 아는 배짱이 있어야 한다. 또한 매일매일 변하는 차트를 보면서 주식 쇼핑에 빠지지 말고 주식투자 대가들이 입증한 방법으로 수년 간 실전을 통해 경험하면서 기본적인 실력을 쌓아야 한다. 마지막으로 여러 가지 소문이나 주식 시황에 연연하지 않는 강인한 정신력이 필요하다.

주식투자로 큰돈을 벌고 싶으면 좋은 주식을 사서 그 주식을 잊은 채 생업에 충실하라. 그러다 보면 수년의 세월이 흘러 당신에게 큰 수익으로 보답할 것이다. 주식투자는 신념과 철학의 게임이라는 말을 한다. 배짱도 기본적 실력도, 그리고 정신력도 없는 사람이 투자의 세계에 뛰어드는 것은 참으로 무모하다. 성공한 사람들의 모습 속에도 투자의 해법은 있다. 그들의 성공 비결은 투자에도 많은 지침을 준다.

그러니 주식투자에만 빠져 있지는 마라. 정녕 숲을 보고 싶다면 오히려 다른 것들을 통해 주식시장을 들여다볼 줄도 알아야 한다. 그래야 진정 투자의 승자 그리고 인생의 승자가 된다.

결혼 생활 속에도
투자의 맥이 있다

서로 사랑하는 남녀가 결혼을 하고 나면 부부라는 새로운 관계를 맺고 새로운 환경에서 생활을 하게 된다. 그런데 그들은 각자 다른 환경에서 수십 년 동안 살아왔기 때문에 많은 부분에서 다르다. 그러면 사랑만이 전부인 것 같은 그들 앞에 일이나 인간관계, 경제 문제와 같은 것이 끼어들고 그 때문에 갈등을 겪으며 힘들어하기도 한다. 필자는 부부 간의 갈등 및 이혼 문제는 남녀 개개인의 특성에 기인한 문제라기보다 사회 환경에 적응하지 못해서 발생한다고 생각하는 편이다.

가정은 사실 부부가 공동으로 경영하는 하나의 기업이다. 그렇게 본다면 그들은 동업자인 셈이다. 기업을 처음 경영할 때, 많은 시행착오를 겪는 것처럼 그들도 신혼 초에 많은 갈등을 겪게 된다. 모두 초보 운전이기 때문이다. 그런데 사회적 변화가 부부 관계에 직접적인 영향을 미치는데도 그들은 사랑과 결혼에 대해서 이론적으로나 실무적으로 배우려 하지 않는다. '결혼 생활에 무슨 이론적인 지식이 필요한가?'라고 생각하는 것이다.

미국의 존 그레이 박사는 《화성에서 온 남자, 금성에서 온 여자》에서 남자는 화성인이고 여자는 금성인이기 때문에 둘 사이에는 언어와 사고방식이 다를 수밖에 없다고 주장한다. 그의 이야기를 좀 더 들어 보자.

화성인들은 능력과 효율, 업적을 중요하게 여긴다. 그들은 자기 능력을 입증해 보이거나 힘과 기술을 신장시키기 위해 끊임없이 노력한다. 목적을 이루는 능력을 통해 그들은 자기 존재를 확인한다. 그리고 주로 성공과 성취를 통해서 충족감을 맛본다.

금성인들의 가치관은 화성인들과는 다르다. 그들은 사랑, 개인 간의 친밀한 관계, 대화, 아름다움 등에 높은 가치를 둔다. 그들은 서로 도와주고 관심을 쏟고 보살펴 주는 일에 많은 시간을 할애한다. 여성들은 자기의 느낌을 남들과 관계를 맺고 함께 나누는 일을 통해 자기 자신에 대한 만족을 느낀다.

– 존 그레이, 《화성에서 온 남자, 금성에서 온 여자》, 동녘라이프

필자는 남자와 여자가 만나 결혼을 하고 수많은 갈등과 어려움을 이겨내면서도 끝까지 사랑하며 함께 사는 모습을 통해 주식투자에 대한 영감을 얻는다. 주식투자도 결혼 생활과 마찬가지로 일생 동안 함께해야 할 인생의 동반자라고 생각해 보자. 결혼 생활의 과정 속에 희로애락이 있듯이 주식투자의 과정에서도 그것이 똑같이 있다고 생각해보자.

아무런 준비도 없이 사랑 하나만 믿고 결혼한 부부가 살아가면서 많은 어려움을 겪듯이 공부도 하지 않은 채 주식투자를 하는 사람들은 많은 어려움에 직면하게 된다. 처음에 큰 기대를 갖고 사 놓은 주식을 얼마 지나지 않아 큰 성과가 없다고 매도하는 것은, 서로 사랑해서 결혼했지만 이런 저런 이유로 싸우고 결국 이혼하게 되는 부부와 같다고 볼 수도 있다.

그러나 그들은 대개 배우자와 헤어지고 난 후에 다른 사람과 결혼해서도 똑같은 시행착오를 반복한다. 반성하지 않고 공부하지 않기 때문이다. 주식투자를 할 때도 마찬가지다. 처음의 투자로 손실을 본 후에도 주식투자의 방법과 마인드를 바꾸지 않는다면 역시 큰 수익을 거두기가 어려울 것이다. 오히려 악순환의 고리에 빠진 것처럼 손실을 만회하고자 더욱 그 습관에 매몰된다. 운이 없었다고 스스로 자위하면서 말이다.

좋아해서 그리고 사랑해서 한 결혼 생활이지만 항상 즐겁고 행복한 시간만 있는 것은 아니다. 부부간에 서로 성격이 맞지 않아서 갈등을 겪기도 하고 자녀 문제, 시댁 식구와의 갈등, 처가 식구와의 갈등, 금전적 문제 등으로 어려움을 겪기도 한다. 그런데 이런 문제들을 슬기롭게 해결하지 못하는 사람은 행복한 가정을 꾸려나갈 수가 없다. 수십 년 동안 지속될 행복한 결혼 생활을 위해서는 가족 모두가 사소한 문제는 그냥 덮어둘 줄도 알아야 하고 타협할 줄도 알아야 한다.

이는 주식투자를 할 때도 마찬가지다. 주가 흐름에 일일이 반응하지 말고 한번 믿고 산 종목과는 백년해로하겠다는 생각을 가져야 한다. 그리고 하루하루의 주가 등락은 그냥 잊고 살 필요도 있다. 또한 시장을 이기려 하지 말고 시장과 타협하면서 시장의 흐름을 탈 줄 아는 유연성과 타협도 필요하다.

물론 결혼의 궁극적인 목적은 두 사람이 만나 사랑하고 백년해로하는 것이다. 선택을 할 때는 기본적으로 그러한 마음가짐으로 접근하는 것이 옳다. 그리고 끊임없이 타협하고, 인내하고 기다릴 줄 알아야 한다. 물론 그렇게 했지만 서로의 궁합이 맞지 않다면 헤어져야겠지만, 그 초심은 누구를 만나더라도 영원해야 한다.

투자도 마찬가지다. 행복한 결혼 생활은 백년해로하는 것이고, 성공 투자는 장기투자임을 믿어볼 일이다. 믿지 못하는 주식이라면 하루라도 보유해서는 안 된다. 투자는 믿음과 신뢰, 그 이상도 이하도 아니다.

주식으로 용돈을 버는 100퍼센트 성공 비법

MACD를 이용한다. 스토캐스틱을 이용한다. 볼린저 밴드를 이용한다. 일목균형표를 이용한다. 차트를 보고 매매한다. 여기 저기 주식 쇼핑을 다닌다. 상한가 따라 잡기를 한다. 근거 없는 일시적 테마주를 산다. 데이트레이딩을 한다. 저가주를 좋아한다. 코스닥을 좋아한다. 우선주를 좋아한다. 단기투자를 한다. 작전주를 산다. 신문이나 방송에서 추천한 것을 산다. 급등주를 좋아한다. 경기 민감주를 좋아한다. 물타기를 한다. 손절매를 자주 한다. 조금만 이익이 나면 판다.

주식으로 큰돈을 버는 100퍼센트 성공 비법

중대형 우량주를 사서 장기 보유한다. 주식 보유량이 중요한 것이 아니다. 그러나 많은 사람들은 많은 주식을 가지고 있으면 올랐을 때 많은 수익을 얻는다고 착각을 한다. 그래서 코스닥의 싼 주식을 다량으로 산다. 주식으로 큰돈을 벌고 싶다면 부디 중대형 우량주에 투자하라. 그리고 장기간 보유하라.

아울러 여자들은 여러 가지 스킨십만으로도 행복해질 수

있으나 남자들은 오직 하나, 유일한 단 하나, 섹스를 통해서
행복을 느낀다. 그러니 세상의 남자들이여, 여자에게는 분산
투자로 접근하라. 자기처럼 섹스에 집중 투자하면 여자가 행
복해할 것이라고 착각하지 마라. 인생의 모든 이치가 주식투
자에 그대로 적용된다. 행복한 결혼 생활을 유지하려거든 섹
스에만 몰두하는 집중 투자를 하지 말고, 아내에게 다양한
스킨십을 제공하는 분산 투자를 하라.

차트도
때로는 유용하다

주식을 매매하는 방법은 일일이 거론할 수 없을 정도로 많이 있다. 우리가 인생을 살아가는 방식이 사람마다 제각기 다르듯이 주식을 매매하는 방법도 제각각이다. 일반적으로 주식투자는 가치 투자와 모멘텀 투자로 분류된다. 그런데 전통적인 투자 방법인 가치 투자도 철저하게 원칙적인 가치 투자를 하는 벤저민 그레이엄식 투자가 있고, 여기에 약간의 성장형을 가미한 워렌 버핏식 투자도 있다. 국내에서는 한국밸류자산운용의 이채원 부사장이 가장 원칙적이고 철저한 가치 투자자로 통한다. 그의 투자는 벤저민 그레이엄의 투자에 가깝다.

그러나 모멘텀 투자는 누가 대가인지 도대체 열거할 수가 없다. 왜냐하면 대부분의 기관, 외국인, 개인들이 주로 모멘텀 투자 방식을 행하고 있기 때문이다. 이 두 가지 투자 방법 중에 어느 것이 더 우월한지는 이미 주식투자의 역사가 증명을 하고 있다. 가치 투자가 우월한 투자 방법임이 이미 증명이 되었기 때문에 소위 변형된 가치 투자 방법이 많이 등장했던 것이고, 많은 사람이 자기 나름의 이론을 조금씩 가미해서 새로운 가치 투자라고 주장하고 있는 것이다.

모멘텀 투자자는 기본적으로 차트를 위주로 투자하고 가치 투자자는 기업을 위주로 투자를 한다. 그러나 둘 중 어느 방법으로 투자를 하든지 차트를 볼 줄 알아야 하고 기업의 내용을 분석하고 이해할 줄 알아야 한다. 필자는 기업 위주의 투자를 원칙으로 하고 차트를 참조하는 것이 가장 좋은 투자 방법이라고 생각하고 있다.

그러나 차트를 이해하려면 먼저 다우 이론을 알아야 한다. 다우 이론은 찰스 다우가 평균 주가를 고안해서 발표한 데서 출발한다. 그때가 1884년 7월 3일이다. 당시 뉴욕 증권거래소에 상장돼 있던 아홉 개의 철도 기업을 포함해 모두 11개의 주가를 평균으로 해서 산출한 것이 다우존스 평균 주가의 시발점이다. 그 후 찰스 다우는 다우 이론의 토대를 만들어놓고 1902년 세상을 떠났다.

다우 이론이 새롭게 주목받은 것은 그로부터 20년 뒤였다. 윌리엄 피터 해밀턴의 《주식시장 바로미터》라는 책을 출간한 것이 그 계기가 되었다. 해밀턴은 이 책에서 평균 주가야말로 주식시장은 물론 국내 및 세계 경제를 예측하는 바로미터라고 주장했다. 그리고 평균 주가를 기초로 주식시장을 이해하고 예측하는 기술적 분석 기법을 처음으로 제시했다. 다우가 처음 구상하고 해밀턴이 개념적으로 더욱 발전시킨 다우 이론이 월 스트리트에서 인정하는 최고의 투자 이론으로 재탄생하게 된 것이다.

다우 이론은 매일매일 변동하는 주가는 세력에 의해 영향을 받을 수 있으나, 기본적이고 큰 주가 흐름은 어떤 주가 조작 세력도 절대 움직일 수 없다고 생각한다. 이에 의하면 주가에는 세 가지 흐름이 있다. 요약하면 다음과 같다.

첫 번째 주가 흐름은 기본적인 주가 흐름이다. 몇 년간 이어질지도 모를 대세 상승이나 대세 하락과 같은 시장의 긴 강세 흐름 혹은 약세 흐름이 그것이다. 시장은 경기에 선행해서 순환하므로 상당히 긴 기간 동안 상승하면서 강세장을 보이다가 경기가 후퇴하면 또 상당히 긴 기간 동안 약세장을 보인다.

두 번째 주가 흐름은 매우 속기 쉬운 움직임으로 시장의 2차적인 반등이다. 기본적인 주가 흐름은 강세장인데 급락한다거나 기본적인 주가 흐름은 약세장인데 갑작스럽게 랠리가 나타나는 것이 그것이다. 이런 속임수 장은 몇 주 동안에 끝나기도 하지만 몇 달 동안 계속되어 투자자들을 혼란에 빠뜨리기도 한다.

세 번째 주가 흐름은 매일매일 일어나는 주가의 등락이다. 다우 이론은 컴퓨터가 없던 시절에 나온 이론임에도 불구하고 현재의 기준으로 보아도 시장을 큰 모습을 보고 투자하는 데는 상당한 도움을 준다. 예를 들면 대세 상승 흐름이 계속되면서도 중간 중간에 하락 구간이 나타나고 대세 하락 흐름이 계속되면서도 또 중간 중간에 상승이 나타나기도 한다고 지적한 부분이 그러하다.

필자는 국내에 출판된 주식투자에 관련한 책을 거의 모두 읽었는데, 그중에 상당히 많은 책이 기술적 분석을 다룬 것들이었다. 그리고 책에 쓰여진 방식대로 매매한 적도 있었다. 그러나 그것이 부질 없는 일이라는 사실을 깨닫고 이제는 차트 매매는 전혀 하지 않는다. 차트 매매가 2007년까지 지속되던 대세 상승장에서는 어느 정도 맞는 부분도 있었으나 2008년부터 시작된 약세장에서는 거의 효용이 없다는 것을 알았기 때문이다.

그러면 도대체 언제 차트 매매를 해야 하는 것일까? 시장의 큰 흐름만 차트로 확인해야 한다. 결국 현재 지수가 바닥 부근인가 꼭지 부근인가를 항상 예의 주시해서 만약 꼭지 부근이면 보유한 종목의 위험을 관리해야 할 것이다. 물론 바

닥 부근이라면 보유 종목의 차트를 매일매일 쳐다볼 필요도
없다.

06

투자에도
코치가 필요하다

지난 며칠 동안 심하게 몸살감기를 앓았다. 참고 견디다가 도저히 안 되겠다 싶어 병원에 가서 주사를 맞고 약을 먹었더니 상태가 조금 나아졌다. 몸이 아픈 이유는 술 때문이었다. 며칠 전에 고등학교 동창들을 만나서 독한 술을 좀 먹었던 것이 원인이 된 모양이었다. 더욱이 평소에는 주량이 약한데 그날은 과음까지 했었다.

몸이 아프다니까 아내가 이것저것 몸에 좋은 것들을 챙겨주었다. 젊을 때는 내 마음대로 이것저것 먹고 마시고 했지만 어느 정도 나이가 들고부터는 아내가 주는 대로 먹고 마신다. 그럴 때 아내는 필자의 건강 코치가 된다.

아는 사람 중에 건강이 매우 좋지 않은 분이 있다. 그래서 그분께 종교를 갖도록 권유했으나 아직도 그냥 그대로다. 처음에는 생활하는 데 별로 지장이 없었으나 이제는 건강이 악화되어서 일상생활을 제대로 할 수 없을 지경이 되었다. 그런데도 아직 종교를 갖지 않고 있다. 종교를 갖게 되면 그 대상이 하느님이든 예수님이든 부처님이든 나의 정신 건강을 지켜 주는 코치가 되는데도 말이다.

개인적으로 필자는 성당에 다니는 가톨릭 신자인데 주일에 성당에 가서 미사를 드리면 내 마음 속에 평화가 강물처럼 흐르는 것을 느낀다. 그리고 세상을 다른 눈으로 보게 된다. 물론 삶의 활력은 거기에 따라오는 하나의 덤이기도 하다. 그렇다면 코치는 어떠한 일을 할까? 다음의 책에서 코치의 역할을 보도록 하자.

코치는 컨설팅처럼 진단을 하거나 해결책을 제시하지 않는다. 코치는 그저 코칭을 받는 사람의 기술이나 능력이 향상되도록 해 주거나 변화되는 목표를 달성할 수 있도록 촉진시키는 역할을 수행한다. 물론 문제 해결이 필요한 경우 코칭은 파트너십을 이루어 해결해 나간다. 컨설팅이 해결책을 제시하는 것이 목적이라면 코칭은 그 해결책을 스스로 발견한 후 그 해결책을 스스로 재생산할 수 있도록 과정을 공유하고 능력을 갖도록 하는 것이 목적이다.

코치는 문제를 해결하기 위해 그 사람의 과거를 여행하거나 당시의 행동에 대해 지나치게 연구하지 않는다. 코치는 그러한 것들은 코칭 받는 사람의 몫으로 남겨 두고 단지 그가 그 사실을 깨달을 수 있도록 도와주며 그들이 한걸음 앞으로 나가 개인적이거나 직업적 목표들을 달성할 수 있도록 돕는다. 카운슬링이나 테라피가 과거 지향적인 면이 많은 반면 코칭은 철저히 미래 지향적이다.

– 샌디 바일러스, 《프로페셔널 코치로 성공하기》, 김영사

필자에게 최고의 주식투자 코치는 평소에 즐겨 읽는 책이다. 주식투자 초기에는 차트가 많이 들어 있는 기술적 분석에 관한 책들이 도움이 되었으나 이제는 주로 말로 되어 있는 주식 책들이 더 정확한 판단을 하도록 도움을 준다. 책은 현상을 꿰뚫어보는 지침을 제공한다. 그 두터운 지식의 보고는 새로운 연상과 상상력이 투자의 세계에 대한 깊은 안목을 전해 준다.

그 다음이 경제신문인데, 경제신문을 매일 한 시간 이상 정독한다. 그리고 주요 부분은 밑줄을 쳐 가면서 읽고 또 읽는다. 중요한 내용은 스크랩을 해놓고 평소에 몇 번이고 다시 읽는다. 투자의 아이디어를 얻기 위한 방법이다. 물론 거기서 나오는 모든 사실을 믿기보다는 행간을 읽으려고 노력하는 편이다. 사실 신문의 내용은 이미 어느 정도 주가에 반

영되어 있는 경우가 많다. 하지만 그 행간의 의미는 발견하는 자만이 누릴 수 있는 최고의 투자 지침이 된다.

그 다음이 증권 방송이다. 물론 이를 시청하는 이유는 종목을 선택하고자 하는 것이 아니다. 많은 이들이 시청하고 있으므로 거기서 말하는 내용은 이미 정보로서의 가치를 잃은 것이나 다름 없다. 그래서 필자는 증권 방송에서 언급하는 종목을 사지는 않지만 큰 흐름을 잡는 데 참고를 하고 있다. 특히 산업별 동향이나 기업의 흐름을 파악할 때는 더할 나위 없이 큰 도움이 된다.

우리나라는 2007년 말 기준으로 유가증권시장(745개 사)과 코스닥시장(1,022개 사)에 상장된 주식을 보유한 인구가 총 444만 907명으로 경제활동인구(2,399만 명)의 18.5%에 달한다. 다섯 명 중 한 명이 주식투자를 하고 있는 셈이다. 그리고 시가 총액 기준으로 투자자별 주식 분포를 보면 2008년 말 현재 외국인이 27.5%로 가장 많고, 개인이 26.5%, 일반법인이 24.0% 그리고 기관이 22.0% 순이다.

이렇게 많은 사람이 직접적이든 간접적이든 투자를 하고 있다. 그중에는 친구 따라 강남 가는 식으로 아무 대책 없이 그 대열에 합류한 사람도 많을 것이다. 그들에게 과연 주식투자 코치가 있을까? 필자가 보기엔 그렇지 않은 것 같다. 안타까운 일이다. 앞에서도 이야기했지만, 주식투자는 지식 경

영의 영역이다. 따라서 끊임없이 공부하고, 실전을 쌓아야만
한다.

수많은 정보나 자료가 머리를 어지럽혀서 제대로 판단을
내리기 어려울 때가 있을 것이다. 바로 이러한 때 제대로 된
판단을 내리는 데 도움을 주는 사람이나 무언가가 있다면 얼
마나 좋겠는가? 투자를 하는 데 그러한 사람이나 동반자도
없이 투자를 한다는 것은 그야말로 맨땅에 머리를 박는 꼴이
라고 할 수 있다.

다행히도 최근에는 그러한 일이 훨씬 수월해졌다. 인터넷
을 통한 투자자 모임이나 투자 클럽들 때문이다. 그러한 모
임에는 전문가들이 최소한 한두 명씩 참여하고 있다. 그러한
모임을 잘 활용해 보는 것도 좋을 것이다. 투자의 핵심을 읽
고, 단기투자에 매몰되지 않은 채 커다란 시장의 흐름을 꿰
차고 투자자들에게 정직과 신뢰로 조언을 해 줄 사람을 찾는
것, 그것은 투자에서 아주 중요한 성공 요소가 된다.

그러나 여전히 투자 설명회에 가 보면 많은 사람이 시황
예측에 매몰되어 있다. 앞에서도 이야기했듯이 코치란 코칭
을 받는 사람이 스스로 그 해답을 찾게끔 해 주는 조력자일
뿐이다. 남에게 얻은 지식은 하루아침에 무너지고 말 모래성
일 뿐이다.

부디 이제부터라도 자신이 허심탄회하게 투자에 대한 혜

안을 가질 수 있도록 도와줄 사람을 찾기 바란다. 투자의 세계에서 코치가 되는 것은 반드시 사람만이 아니다. 우리의 모든 일상이 코치가 되기도 한다. 그것을 관찰하고 판단할 수 있는 노력과 지식만 가지고 있다면 코치를 찾는 것이 그리 어렵지는 않을 것이다.

경험을 통한 기술적 분석의 효시,
찰스 다우의 투자법

다우존스 평균 주가를 고안한 찰스 다우가 다우 이론의 기본적인 틀을 창안했다면 이후 월 스트리트 저널의 편집국장을 지냈던 윌리엄 피터 해밀턴은 다우 이론을 주가 예측 수단으로 체계화한 인물이다. 그리고 로버트 레아는 마침내 다우 이론을 최고 투자 원칙으로 월 스트리트에 전파한 인물이라고 할 수 있다.

다우가 자신의 주식시장 이론에 대해 쓴 글은 1900년 부터 1902년 까지 《월스트리트 저널》에 쓴 몇 편의 칼럼이 전부다. 이런 그의 생각을 다우에 이어 월 스트리트 저널의 편집국장을 맡았던 해밀턴이 20여 년 동안 정밀한 이론으로 체계화한 것이 바로 '다우 이론' 이다.

찰스 다우의 밑에서 일했던 해밀턴은 다우 이론을 본격적으로 연구하기 시작했고 그 결과를 1922년 《주식시장 바로미터》에 담았다. 그리고 현재 우리가 알고 있는 다우 이론은 이 책에 담긴 내용이 거의 전부라고 할 수 있다.

컴퓨터가 없던 시절에 만들어진 다우 이론은 우리가 알고 있는 큰 흐름의 기술적 분석을 모두 포함하고 있다. 예를 들면 주가가 계속 상승하면서 이전에 기록했던 고점을 돌파하고 조정이 와도 이전의 저점보다 높은 수준에 있다면 시장의 강세는 계속되지만 주가가 직전 고점 돌파에 실패하고 전저점을 하향 이탈한다면 시장은 약세 국면에 접어들었다고 지적하고 있다.

주가가 박스권 상단을 돌파한다면 앞으로 더 상승하겠지만 박스권 하단을 깨고 하락한다면 앞으로 주가가 더 떨어진다고 지적하고 있는 것을 보면 요즘의 차트를 보고 있는 느낌이 든다.

다우는 주가가 경기보다 6개월 정도 선행한다는 사실을 처음으로 밝혀냈다. 그는 주식시장 전반의 엄청난 하락세를 경험한 뒤 6개월쯤 지나 기업 경기가 위축되는 것을 실제로 경험하며, 주식시장은 지금은 명확하지 않지만 6개월쯤 뒤 경기 상황이 호전될 것을 예상해 전반적인 상승세를 나타낸다고 말했다.

다우 이론을 실제 투자에 적용해서 그 효용성을 검증한 로버트 레아가 쓴 《다우 이론》 중 다음의 내용을 보면 왜 다우 이론이 기술적 분석의 효시인지를 알 수 있다.

약세장의 마무리 단계에서는 새로운 악재가 나오고 더욱 비관적인 시각이 부각된다 해도 시장이 내성을 가진 듯 별로 반응하지 않는다. 또한 주가가 급락한 뒤에도 다시 반등할 여력조차 상실해 버린 것처럼 보인다. 시장의 투자 분위기는 완전히 가라앉아 버려 더 이상 주가를 떨어뜨릴 세력도 없고 그렇다고 호가를 높일 만한 수요자도 없는 상태에서 균형을 이루게 된다.

시장은 온통 비관주의자들뿐이고 기업은 배당금을 지급하지 못하며 몇몇 대표적인 기업들마저 유동성의 위기에 휩싸이고 동시에 정치적인 불확실성마저 더욱 부각된다. 이런 모든 문제들로 인해 주식은 바닥권에서 박스권을 형성하는 것이다. 그리고 이 박스권이 위쪽으로 향하면 지수는 저점을 조금씩 높여 나가고 랠리 뒤에 조정이 나타나도 직전 저점 밑으로 떨어지지 않는다.

그 이전까지 숨죽인 채 매수할 기회를 엿보고 있던 투기 세력이 신호를 알아차리는 것은 바로 이때다. 이런 시기를 포착하기 위해서는 인내가 필요하다. 하지만 주가가 꽤 상승한 뒤에도 큰 폭의 조정이 나타난다. 물론 이때의 조정 국면에서는 앞서 대세 하락 흐름에서 기록했던 저점까지 떨어지지 않고 조정이 끝난 뒤 이어지는 다음 단계의 랠리에서는 이전에 기록했던 고점을 경신한다. 이제 시장은 강세장으로 전환된 것이 확실하므로 어느 정도 안심하고 적극적으로 매수해도 되는 것이다.

— 로버트 레아, 《다우 이론》, 굿모닝북스

　다우 이론을 실제 투자에 적용해서 그 실용성을 검증한 후 이 책을 쓴 로버트 레아는 "주식투자에 성공할 수 있는 방법을 알려 주는 수학적인 공식이나 일련의 원칙 같은 것은 없다. 만약 이런 공식이나 원칙이 존재한다면 누구든 그것을 이용해 항상 돈을 벌 수 있을 것이다"라고 말하면서 주식투자에서 가장 필요한 것은 강한 인내심과 공부하는 자세라고 했다.

　다우 이론은 주식시장에서 추세선의 중요성에 대해 최초로 언급한 이론이었다. 지금이야 투자자라면 추세선에 따라 투자를 하고 있지만, 그 당시에 추세선은 전혀 새로운 패러다임이었다. 그러나 이것은 그의 사후에 더욱 위력을 떨쳐 기술적 분석의 효시로 여겨지게 되었다.

　그 이후 다우 이론에서 출발한 기술적 분석은 1920년대까지 월 스트리트에서 최고 투자 기법으로 대접을 받았고 많은 한계가 있음에도 불구하고 지금까지도 투자자들 사이에 매우 중요한 주가 예측 수단으로 활용되고 있다. 만약 그의 다우 이론이 없었다면 지금은 보편화된 기술적 분석은 등장할 수 없었을 것이다.

　그러나 그렇게 중요한 투자 기법으로 추앙받았던 기술적 분석인 다우 이론도 1929년 10월 대공황으로 인한 주가 대폭락으로 인해서 사람들의 관심에서 멀어졌다. 그리고 마침

내 벤저민 그레이엄이 등장함으로써 기업의 내재 가치를 중
요시 여기는 과학적 투자 기법에 주식투자의 왕좌 자리를 물
려주고 그 자리에서 물러났다.

지혜로운
투자자가 되자

필자는 지난 20여 년을 대기업에서 기획, 마케팅, 교육 등의 업무를 하면서 보내다가 수 년 전부터 주식투자를 하기 시작했다. 다른 이들에 비하면 상당히 늦게 투자의 세계에 뛰어든 셈이다.

그래서 뒤늦은 출발을 만회하고자 그동안 다른 어떤 투자자보다도 주식투자에 관한 책을 많이 읽었다. 그리고 그 책에 나온 이론과 내용들을 토대로 직접 주식투자를 해보았다. 필자는 이런 일련의 과정을 통해 배운 것이 많았다. 그런데 필자가 읽었던 주식투자에 관한 책들을 조사·분석해 보니 몇 가지로 분류해 볼 수 있었다.

해외에서 출간된 책을 번역한 책들은 주로 기본적 분석 중에서도 정성 분석에 관한 내용이 주류를 이루고 있었다. 대

부분 책들의 내용이 아주 우수했다. 지금까지도 이런 책들을 통해서 필자는 많은 도움을 받고 있다. 그런데 이런 책들은 기관 투자자들이나 소위 말하는 주식투자 전문가들에게는 매우 유익하지만 개인 투자자들에게는 별로 도움이 되지 않는다는 사실을 알게 되었다. 이유는 우리나라 현실 사례가 없기 때문이었다.

한편, 국내 서적들은 90% 이상이 단기투자를 부추기는 차트 위주의 책들이었다. 그래서 국내의 개인 투자자들은 차트 매매를 주식투자의 전부인 것으로 생각하고 있다. 나머지 10% 정도의 책들은 가치 투자를 주장하거나 유명한 사람들의 자서전과 같은 책들이었다.

그래서 필자는 개인 투자자를 위한 주식투자 지침서를 내야겠다고 마음먹었다. 차트 매매가 전부라고 생각하는 개인 투자자들에게 주식투자의 바른 길을 안내해야 한다는 사명감도 불타올랐다. 그래서 개인 투자자를 위해서 장기투자를 강조하면서도 아주 쉽고 차트가 없는 주식투자 책을 만들자고 생각했다.

실제로 이런 생각으로 주식투자를 해본 결과 효과도 매우 좋았다. 물론 주식투자에 관해서는 이미 개인 투자자들도 알 만큼은 다 알고 있을 것이다. 초보 투자자 이외에는 거의 전문가 수준의 실력을 갖고 있는 개인 투자자도 많다.

그러나 매사가 그렇지만 아는 것과 실천하는 것은 다르다. 주식투자에 관한 정보는 여기저기 지천으로 널려 있다. 이걸 모르는 투자자는 없다. 정보를 지식으로 바꾸고 지식을 지혜로 바꾸는 것은 오로지 투자자 개인의 몫이다. 누가 시켜서 될 일이 아니다. 마지막으로 지금까지 필자가 이 책에서 말한 내용들을 정리하면 다음과 같다.

우선, 주식투자를 할 때 종목 선정은 미국 대가들의 이론을 따르고 매매 타이밍은 일본 대가들의 이론을 적용하면 좋을 것이다. 종목 선정은 특히 벤저민 그레이엄이나 필립 피셔 혹은 워렌 버핏의 이론을 따라하면 된다. 그리고 여기에 피터 린치와 존 템플턴의 생각을 더하면 금상첨화이다.

매수·매도 문제는 혼마 무네히사, 사와카미 아쓰토의 이론을 따르면 된다. 여기에 찰스 다우의 생각을 더하면 좋다. 주식투자는 '매매'만 해서도 안 되고, '매수와 매도'만 해서도 안 된다. 근본적으로 주식투자는 '매수·보유·매도'를 해야 한다.

그렇다고 이 책에서 피력하거나 강조한 필자의 말이 반드시 정답일 수는 없다. 필자도 끊임없이 주식시장에서 부딪치고 깨지면서 배우고 있고 깨우치고 있는 그저 한 사람의 투자자일 뿐이다. 단지 이 책이 투자자에게 필요한 지식을 조금이라도 전달할 수 있다면, 투자자에게 자신을 되돌아볼 수

있는 기회를 제공했다면 필자는 그것으로 만족하다. 그리고
언제나 모든 것이 그렇지만 나머지 판단은 독자의 몫으로 남
긴다.

책에서도 이야기했지만 주식투자는 마음에 대한 투자이
다. 모든 투자자들의 앞길에 편안하고 안락한 삶이 함께 하
길 마지막으로 기원한다.